故事裡的創意

從故事學習創意
以創意開拓事業

邱慶雲 著

故事裡的創意

目錄

序

朱序

有人說創意是人類進步之原動力之一，大自國家的進步，小到個人的成就，雖然影響的因素很多，而創意佔很重要的地位。例如富於創意的國家，無論在文化、社會與政治都能平衡的發展，這些國家的國民大都是進取的而是隨時在追求創新。一個企業亦然，如企業失去創新就表示成長的停滯，在競爭的社會中落後，最後難免等候被淘汰的命運。個人的生涯與企業的情形雷同，只有在生涯計畫的過程中不斷地發揮創意，付諸實施才能完成個人的目標。

那麼創意是否遙不可及的秘方呢？不然，只要有心人，不斷地自我訓練，自我惕勵，在日常生活中隨時隨地，注意、觀察和思考事物，自然有機會湧出與眾不同的創新構想。

創意除少數天生就是「點子王」外，一般人只要有心去培養，一定可以增強創意的產生能力。因此坊間介紹增強企業或個人創意的書籍很多。比較早期出版者以提高企業生產力方面為主流，而近年學者發現企業的活力主要在靠如何培養組織內員工的創造能力才是捷徑。所以諸如腦力激盪、頭腦的體操、創意激盪以及計畫的科學等培訓創意人的書籍，如雨後春筍的出現。

在此種出版環境下，著作者以在職期間所看、所聽、所讀到的一篇一篇故事予以有系統的整理編成『故事裡的創意』一書，可以說另具風格。希望讀者在閱讀這些故事後，體會創意的重要性，並啟發自我培養創意的能力，將創意養成為生活習慣，以期提昇自我的生涯計畫。

著作者除在專業的財務會計方面著有專書外，再將親自體驗的專業外的故事，編著大眾化的培養創意專刊，實難能可貴，值得鼓勵，樂為此序。

中華民國會計師公會全國聯合會名譽理事長

朱寶奎

九十三年六月四日

契機

●本書的定位

契機——本書的定位

中國時報與台灣 DHL 主辦的台灣企業獎今年（二〇〇四年）進入第二屆，而今年的主軸也改為「創新與公益」，正如該獎副主席台灣 DHL 總經理表示，不論是百年老店或者新手上路，「創新」是企業永續經營的要素，因此今年增設「最佳創新經營獎」，原來的「最佳中小企業獎」改為「最佳創新中小企業獎」，由此可見一般認為企業在因應變動的環境，要邁向全球化，創新是必要條件，藉由不斷虛心學習，吸納人才、吸收知識的途徑保持活力，才能屹立不搖。

有一家顧問公司曾經統計美國的股票上市公司，二十五年前名列前五百大名單的公司，現在只剩下二五％，分析這些能永續經營的公司，可歸納出每一家公司都有非常明確而不斷創新的企業文化。

經驗告訴我們，很多對專業性知識的求精花的時間較多，但是對專業範圍以外的知識卻不肯花很多時間去瞭解它。

例如，財會工作雖然與組織內的相關業務有密切的關係，但是真正用心去瞭解其他部門的財會人員並不多，因此，對企業經營的分析往往止於「財務分析」，未能提昇為「企業分析」，也就是在財會資訊範圍打滾，無法提昇到為企業經營獻策之地步。

假如會計人員仍停留在提供分析企業財務現況的資訊，充其量只是消極地、表面上的提昇。如能參酌財會以外的資訊，以深度的思考、逆向的思考或不同角度的探討後，提出有創意的建言，必能成為決策者的有力助手，進而也可能擠身為決策者。

企業界從「黑手」擠身為企業主持人的實例不少，這些人士成功的條件很多，但我們可以發現一個共同點就是，他們不以過去所學的範圍為滿足，力求超越自我，跳越專業範圍，不斷追求創意，為企業注入新血。

換言之，處在目前競爭激烈的社會中，無論是挑戰者（準老闆們）或被挑戰者（老闆們），其視野不應侷限於自我的專業範疇，應隨時放大眼界，才能提昇自我的地位，才能有更廣 的生涯計畫。

放大視野的方法很多，培養創意是其中之一種。因為在培養創意的過程中，對事物的觀察、思考及理解方法會改進，對自己的生涯計畫有很大的幫助。

坊間論述創意的理論與實務的專著很多，本書擬換一個角度，以著者在服務企業時，從日常生活中所聽到、看到及讀到的故事為主，從其中領悟到的有關如何自我培養創意的心得，予以整理供讀者參考。

創意是「創造新意」，其實也是一般所說的「點子」，但是「點子」易於被誤為「靈光一現」方式出現的主意。如認為點子就是創意時，應承認創意是以過去的經驗為基礎，經過累積、組合、實踐等各階段來完成，所以其產生有原理和方法，而產生創意的方法是可以訓練的技巧。故本書以透過實際故事為例，談一談如何養成隨時隨地注意身邊事項的習慣，以活潑的思考解決工作上的需要。

本書既係以著者所讀到、看到、聽到的故事為主予以重新編排，故無法有系統的含蓋所有創意培養有關的方法，不過相信讀者閱讀後，至少可作為自我量身擬訂培養計畫的參考。

邱慶雲

二〇〇四年初夏

新店．大學詩鄉

前言

前言

如何使企業保持長青不老的活力，一直為管理學者追求答案的目標。雖然管理學者不斷地開出新「處方」，究竟時代在變遷，企業所處的外在環境在變化，隨著趨勢內部組織也不得不調整，要找出絕對而長期有效的處方可能徒勞無功，因此企業應自己培養人才，鼓勵同仁隨時提供有創意的建議才是一勞永逸之道。

哈佛企管學院教授科里斯（David J. Collis）和蒙歌馬利（Cynthia A. Montgomery）為競爭力下定義時說；企業有形、無形的「資源」決定企業制勝關鍵，企業主管的要務是如何認知、保護、提升這些資源，以期超越市場上的競爭者。這定義給我們的啟示為，企業為求生存應認知（發覺）資源予以提升才能超越競爭者。這些資源包括有形的和無形的，或不關己存在的或待開發的都非不變的，是隨時代或環境在變化，因此如何去發覺它、開發它是我們應該去探討的問題。

製造本田機車而成長為本田汽車工業的已故本田宗一郎，曾以五十萬日圓為獎金舉辦「全本田創意競賽」來鼓勵同仁動腦筋。我們常說笑話，世界上最未開發的地方不是非洲，是我們的大腦。

實際上世界各國的管理專家提出的名言很多，從表面看有反常性的文句，例如：不要為公司工作，不追求利潤是罪惡，鼓勵朝令暮改，需求應由企業創出，為取勝爭議就是不爭論等等。但是仔細閱讀其說明，都有道理。孫子兵法一書中提到，「兵者詭道也」，「兵以詐立」等，都在表示，在競爭的社會中，出奇才能制勝。

經營管理大師杜拉克（Peter Drucker）說：「企業不能只靠天才經營，因為天才永遠供不應求，供應也不穩定，如何讓人人發揮其潛力，如何讓人人盡展其能力……都在考驗企業，所以企業的目標在於讓平凡的人做非凡的事。」這是從企業的立場所說的話，如從個人的立場看，平凡的人要做非凡的事就是挑戰自我培養自己成為能想出創意的人才。

●阻礙創意的因素

一　創意的敵人

1. 概述

在談創意的培訓前，讓我們先瞭解影響創意的因素，也就是妨礙創意的因素。這些因素大致可分為：社會因素、人格因素和技術因素。其中社會因素和人格因素涉及社會制度，社會環境以及心理學等專業討論，擬請讀者另參考相關書籍。

本書將範圍縮小，以影響創意的因素中之技術性的因素為主，並以筆者在日常生活中所見所聞者做介紹。

依據詹宏志先生所著〈創意人〉乙書，對於創意的絆腳石，在技術問題方面提出；血統主義、直線主義及逆變心理三點。

所謂血統主義是抱著傳統的定義，或過去的習慣不放，一切行為或思考依定義所定或習慣的方法，腦中不再思考定義或習慣以外的可能性。換言之，以定義為解釋事物的準繩，以習慣作為行為的依據，反對新元素的加入。這種態度既違背創意原則，也難期待其發生創造。

直線主義者認為很多事物在直線進行，與血統主義者不同，這些人不介意新元素的加入，但是他們認為新元素的加入係順著原有的直線走。這種態度容易迷失在直線的大趨勢中，忽略事物的演變在大趨勢下仍有多樣和多方的歧路，這歧路才是創意人要去發揮的事物。所以直線主義有害思考的觀念，而自陷於一個方向的思考。

逆變心理是一種抗拒不願承認改變的心理。抗拒變化的心理可分為；滿足目前的事物或多少有懷念既有的事物而失去改變的意願。另一種為害怕改變帶來的失敗而抗拒。

這種心理不但影響個人的創意，如整個社會瀰滿逆變心理時，將嚴重影響該社會的進步。所以抗拒變化的心態會使創意生命老化停滯。

下面再以故事舉例分述影響創意的因素。

2. 傳統定義的限制

經濟日報的副刊曾有一系列的「管理出招」，連續刊登「財務××觀」的文章，其內容從另一角度介紹會計名詞。例如認為會計制度的種類從「經濟觀」來看，分為：現金制、權責制和責任制。對各制度的註解為，現金制則一般俗稱的簿記，權責制為俗稱的會計，責任制就是成本會計。又，從「資本觀」來看企業所「投資」的項目依其性質分為：資本財、消費財和浪費。其註解為，投資能夠創造出個別利潤者則稱為資本財，如果未能直接創造出個別利潤者稱為消費財，兩者之間差別在於消費財應對資本財有所助益，如果沒有，消費財即是浪費。

在此姑且不去討論上述註解的合理性，從其論述的內容看，論者似在強調，囿於傳統觀念或傳統定義去應用專有名詞，有時不一定永久正確。會計本來就是解釋企業財務狀況的工具，並對企業活動中能以金錢衡量的資料予以歸類，分析然後做表達。如果企業所處環境的價值觀在變化，對傳統的專有名詞也許需要從另一角度去了解它，或給予新的解釋。

過去社會一直強調納稅是國民應盡的義務，但是稅負不斷增加後，在適法的範圍內如何設法減少納稅就成為企業管理的重要課題之一，因而有「節稅」、「避稅」等詞的出現。

過去在劇烈競爭下，工廠為「節省」成本而省略各種製程所帶來的環境污染，從另一角度看就是「社會」成本的增加。因為從社會整體看，政府清理污染必須付出代價，到了政府預算（也就是大眾所繳納的稅）無法負擔時，則需強制企業負責處理，所以原來的「節省」成本從另一角度看則企業逃避了「應負」成本。

總之，如站在新的觀念看，許多傳統上的名詞應重新認定，如教育不等於福利，土地不等於固定資產。所以創意最起碼的要求是跳出傳統定義的約束。

3. 囿於習慣性思考

人類在思考時，首先靠既有的資訊，因為我們的生活處於資訊時代已有一段時間，過去構成企業的主要因素被認為是人力、物力、財力等三種，最近又加上資訊，而後者的重要性似已凌駕原有三因素。在電腦與通信設備的進步和普遍化以後，資訊更成為日常生活不可或缺的條件。

但是近年來人類的生活愈來愈需要靠資訊，因此人類也「製造」更多、更豐富的資訊，甚至已成為資訊爆炸的時代，故不得不回頭來設法去蕪存菁，更重要的就是我們在思考時不得不檢討是否被某一習慣資訊迷惑或太依賴某一習慣性資訊，而失去正確的方向。下面是被習慣性思考延誤事情之一例。

有一禮拜天，某長官應老友邀約到延吉路一家常去的小飯館聚餐。平時到該地應酬時均坐公家轎車靠司機「帶路」，故略知方向，但是未仔細認路。此次改搭計程車前往只告知司機延吉路××飯館，計程車司機當然無法知道「小」飯館的地點，只好從信義路口開始一直向仁愛路方向開，並一面走一面問有無看到所指定的飯館。該長官雖東張西望憑記憶注意仍無法發現。計程車司機到了仁愛路口時則說「已到延吉路底了，有無看到目的地」，此時該長官認為既然已到延吉路底再也沒有理由坐下去，且離約定時間尚有片刻，就決定下車回頭找，就如此在信義路與仁愛路間走來走去找遍仍無法找到該小飯館，首先懷疑是否已搬家，但是老友既指定該地應事前訂位，所以搬家的可能性不大。靈機一動，想利用公共電話查號，但是該小館可能未用店號登錄了電話號碼。此路不通後，忽然想起問一問公家轎車司機，經該司機指點後豁然知道延吉路原來延伸到仁愛路另一端，計程車司機所給與的資訊「已到延吉路底」是錯誤的，該長官的思考被一條街是兩條路之間的老化觀念所害，當時如在思考上有突破就不必浪費這麼多時間了。

我們在辦公室或日常生活中發生類似的情況很多，有時以既有資訊無法獲得解決問題時為何不從另一方向思考去突破呢？

4. 在大趨勢中迷失

有人說廿世紀末為不確定的時代，亂氣流的時代。而轉眼已跨入二十一世紀，好像我們在不知道未來將如何的情況下過日子。

企業經營亦如此。由於明日以後的未來在未知的情況下，企業不能不「豫而立」，否則無法經營下去。企業必須編訂三年、五年或十年的中長期計畫，據以從事經營。

那麼經營者如何編訂中長期計畫呢。論語有一段對話，其大意為：

弟子：先生，三百年後的事情是否可以知道呢？

孔子：可以的。要知道未來的事情，只要徹底了解過去的事情。例如對歷史分析檢討其中的變化者和不變者，則不僅三百年，連三千年後的事情也可以預知。

…………

…………

孔子：凡在流動的東西，如河川，雖不分晝夜在不斷的流動，但是任何一刻的水並非相同的，然而河川仍然在該地。雖然現象在變，但是本質並未變化。人生或歷史又何不然呢。

如此看來，好像大趨勢並不難推測，但是應注意易於在其中迷失方向，尤其不得不注意長期趨勢中仍有難預測到的突發狀況之出現。

我國的經濟又面臨轉換期，自從二次世界大戰後臺灣的經濟，已有多次轉換的經驗，這種歷史的借鏡似也可以幫助我們在設計未來計畫時作為參考。

臺灣在光復初期的工業策略是「發展進口替代工業」，但是這策略逐漸出現其負面影響，政府不得不改變策略為「擴張出口」，在獎勵投資條例等一整套法令和制度架構下為「自由化、國際化、制度化」奠定基礎。

在民國七十年代所面臨的轉換期，為二次能源危機所帶來的世界經濟版圖的變化。民國八十年代，我們面臨了蘇聯解體，美蘇冷戰結束，共產政權瓦解，而我們也處於「全球第三波民主化發展與鞏固問題」中。

在這些變遷中，我們雖可掌握大趨勢而在策略上做因應之措施，但是更重要的不在策略的適應，而是如何掌握應守住的地方與可以放棄的地方，對應守住的地方我們不能迷失在其中，應以創意來加強國際競爭力。其方法為，不宜誤認歷史只有在直線進行，而迷失在其中，應站在歷史性的觀點和世界的視野上利用自己的優缺點，檢討如何插入世界潮流的創意，才能訂出前瞻性的計畫。

5. 基本因素難預見

俗語說「歷史會重演」，這一句話表示人類的行為脫離不了人類的本性。雖然從生物進化論看，科學家說人類係從人猿進化到目前的行動型態，也就是從接近爬行的狀態經過幾萬年而進化到立行。這種變化是「大趨勢」。能預見大趨勢的人究屬絕少數，絕大部份的人日常能想到的預見的事象與此比較就短得可憐。

對某一事物的觀察，如為當時之事象所迷惑，往往無法判斷其真象，而可能誤導結論。因此我們有一句諺語「旁觀者清」來提醒我們觀察事物的態度。

天下雜誌曾在經濟論壇中述及，在二百年來的經濟思想史，經濟學者探討經濟成長的根源，其情形為：

在十八世紀，重農主義的答案是農業，重商主義者的答案是貿易順差，古典學派是自由競爭。十九世紀掘起的共產主義的答案是勞工。進入二〇世紀，強國之道，滿清政府是船堅　利，德日軍國是軍事侵略與奪取海外市場。

二次世界大戰後一切變化加速，刺激經濟成長的要素的變化加快，從熊彼得認為是「創新」到今年諾貝爾經濟獎得主梭羅主張的「技術進步」。

這篇論壇中給我們的啟示為，梭羅在三〇歲時，也就是在一九五〇年代就觀察出「技術」在經濟因素中之重要性。上述經濟思想史中從重農、重商到自由競爭等，不外是不同時代背景之產物。人類還在跟自然搏鬥時，農業是生產基本資源的重要手段，重農是自然的現象，到物質稍富，則注重流通，重商主義就會抬頭。商場就是自由競爭之產物，市場功能之充分發揮商業才會發達。這時大量生產的問題就出現，其「副產品」就是某些資源缺乏國家之侵略行為。經過二次世界大戰的浩劫後，人類已預見「量」的追求不如「質」的改進，而追求在和平相處下的競爭能力——創新。

這段簡史一直存在著「技術進步」之因素，但是在時代背景下這因素之重要性一直未超過其他因素。例如在農業政策性問題待解決時，農業技術之改進就不迫切。待這些問題解決後，始顧慮到或想到更基本的因素——技術進步。如果當時就有遠見而同時採取農業技術改進措施時，可能改寫部分歷史。

人類社會在發展過程中遇到此種例子不少。例如傳統經濟學中所述的三要素為勞力、土地和資本，但是目前有人加一要素「資訊」。又，會計行為的功能為衡量和表達二項，目前有人加一項「管理」的功能。這些後加因素的重要性，影響力之大不待解釋。一個國家，一個公司或一個組織能搶先注意這些未被重視的基本因素就是勝利者，也是適於生存者。

以上的例子給我們的啟示為，不應抱著傳統定義不放或迷失在大趨勢中，應不斷地以「追根」的態度去思考，否則很難發覺創新的因素。

6. 明哲保身觀念的誤用

現代人開會特別多。從政府機關、民意殿堂或企業組織好像以開會在浪費時間，使頭腦愈遲鈍，使健康愈惡化。聯合報副刊「繽紛」刊登芳仔先生的會議痴呆症一文內述及，『開會時與會人員為了保持中國人「圓」的哲學，如自覺分量不足者，則禮讓他人先發言，自認分量超過者則等主席邀請發言，所以在主席一陣語重心長的開場白後，就教與會諸專家時，通常場內突然陷入「會議痴呆症」，大家決不作第一位發言的烈士』。

這是開會時出現的百態之一，開會百態最近發展得愈來愈精彩，當所謂肢體語言，群體打架的情況出現時可能達到最高潮，開會的百態也從靜態發展為動態。如仔細觀察與會人士的心態時，也可以發現無奇不有。例如，「有策而熱辯者」、「有策而不辯者」或「原來就無策而沈默者」。但是一方面也會出現屬於奇人之類的情形，例如，「與主題脫節的發言者」、「突然披露離題千里的理想者。」

有策而不提出自己的意見者，有時被批評為「善於明哲保身」。因為此類與會者的心態是麻煩的事情委由他人，不勉強在火中拾栗，以圓滑的處事態度求安全第一。也許在變遷劇烈的時代或利害錯綜的社會中，這種心態是處事的一種方法，從某一角度看是賢明人的求生方法。

明哲保身的原義並非如上述的處事態度。詩經中所述者為「既明且哲，以保其身」，是在讚賞周朝宰相仲山甫的德行，明哲是通達天下的事理，先於大眾知天下的事，保身係指順於理而不誤進退。在唐朝的白樂天的文章也有，「明哲保身，進退始終，不失其道」。總之，這句話在表示具有優越的智慧而懂道理，能正確判斷，對進路的擇選不會錯誤。

對推行創意的企業而言，雖然不必排除「與主題脫節者」或「突然披露離題的理想者」，但是應鼓勵「有策而熱辯者」和「直正的明哲保身者」，才不會誤解明哲保身而扼殺個人的創新意願。

● 只要你有心，創意的來源是無窮的

二 創意的來源

(一) 概述

概述

創意被討論的很多，好像是遙不可及的東西，實際上創意在一念之間（a twist of an idea）。暫不談由天才創出而千載難遇的偉大發明，我們談一談一般性的創意，也就是一般所稱的「點子」。其來源有：

①在實物方面

把二個以上不相干的東西組合在一起就是創意。例如手機就是「帶著走」和「電話」二個功能組合在一起的新東西。

把一個東西的用途改變也是創意。例如空的寶特瓶作為花瓶使用是一種小點子。目前流行的手機與網路的結合，改變手機的用途成為電腦的終端器。

日本有一位水族館職員聽到大型航海船為穩定航海中的船，在船底裝載海水或砂石，這些墊底物在進港口前需排入或拋棄外海。該海水通常要求從深海取得之清潔純海水。該職員設法予以「接收」注入水族館的養漁漕，因而節省一筆很大的開支。這是用途改變的佳例。

對一種東西的認知改變，也就是重新認識也是創意，例如「老頑童」劉其偉的畫作，不再僅以藝術品看，而變成討喜的筆袋，可將藝術品和紀念品一起買回家。

板橋市海山中學學生張肇晏捏塑的女王頭陶燈參加台灣燈會花燈競賽，雖只獲得入選，惟這創作受到縣政府青睞，經過陶藝家李邱吉略加設計製成為獎座，由縣府頒贈贊助燈會的企業及個人。這也是認知改變的佳例。

②抽象事物方面

創意不一定對實物本身產生，對抽象的事物也可以產生很多創意。有時候只改變了自己，改變了想法就產生創意。例如咖啡館排飾主人的收藏品兼售古董，做窗簾生意的人改變自己的想法，以設計師身分提供調節光線為主的室內設計生意。這些都是對顧客而言在感覺上提供更高品質的服務。

僅僅是認知上的改變也有無窮的創意。以不同的眼光看舊東西，因眼光新，該東西就成了新東西。例如現在時髦的 SOHO（Small Office Home Office）則辦公室的認知的改變，在大廈出現一個房間一個做生意的地方，在家庭裝了網路就做生意，這些都是改變了集中辦公才是辦公室的觀念。

③觀念方面

對事物的改變用途更是創意的主要來源。改變用途的對象包括的範圍很廣。例如改變人的用途，物的用途或知識的用途等。這些用途改變均在有心人的一念之差中產生，是觀念的改變。

例如，日本多位有名的相樸力士，後來轉業為解說相樸的媒體主播。這是人的用途的改變。又日本某些社區治安惡化警方巡邏限於人力無法加強，該社區自治會想到，以機車「送麵食便餐的店員」出入該社區頻繁，乃商請他們兼辦巡邏員。這也是人的用途改變的創例。

物的用途改變更是不勝枚舉，例如手機的用途改變最快。從傳統的攜帶電話功能改變為攜帶電動玩具，目前改變為攜帶式資訊查詢器，其改變似無止境。

知識的用途改變從高層次的角度來看，使科技的分界失去意義，科技間的融合產生很多新的知識，例如，心理學與社會學的知識改變用途後成為現代廣告術的重要工具。

在較基層層次的角度看，各行業的知識改變也產生很多創意。例如，台南市馬姓老闆，靠著「乳膠製品」闖天下，十年前則開風氣之先，經營保險套專賣店，十年後以販賣「乳膠品」的知識，商品變氣球，以「氣球藝術師」身分專門拿各式氣球幫客戶布置宴會或生日場合。

④語彙符號方面

語言是常被忽略的創意來源。語言是意義的載體（carrier），也就是概念的載體，所以語言或文字本身就是創意。

電子計算機出現以後，新的語彙如雨後的春筍不斷地湧出。例如，電腦、硬體、軟體等語彙不必說，有關電腦語言新創的語彙 COBOL 很多人已不知道係由 Common Business Oriented Language 的縮寫創出。

一句名台詞，短短的名言或歷久不朽的名著作，雖然是歷史性的創作，但是觀察新語彙或觀察語彙的變化也隱含著本身就是尋找創意的行為，同時語彙的變化也隱含著新市場，新產品的創意。

至於語彙以外的符號都在傳遞訊息，包括顏色、線條、聲音等都是創意的來源。

下面擬分別對深度思考、改變認知和語彙的創造三項，以故事舉例說明，不過讀者應了解創意的來源無窮，仍賴自己去體會。

(二)深度思考

1. 思考的深度

如仔細觀察企業主管的習性，可以發現不同的思考形態，例如有的主管只思考到某一件事情的第一層次，有的則經常想到第二層次的情形，亦即在思考上有不同深度的主管。

在日常生活中，一般的人只看到零層次，亦即看到表面就行動。例如，早晨鬧鐘一響就下床，吃過早餐、上班、吃午餐等。但是，如遇到某一件事，可能以更深的層次來思考。

茲以某一主管對屬下的成績考評為例來探討，其對事情思考的程度。當該主管所管的研究室主任提出特佳的成果時，認為應對該主任給與很高的評分，這是一層次的評論。如屬於第二層次的評論時應該是，進一步思考該研究室所以產生佳績的原因。例如：

⑴主要係由於室主任有適當的指導所致，或

⑵雖然有室主任干涉，但是因擁有極優秀的研究員……等。此時，對該室主任要給與高評分，自應提出具體的根據（事實）。

在此很難舉出容易了解的案例，但是不可否認能獲得諾貝爾獎的科學家、文學家、政治家，都在一生中對某事項，以五層次或更高層次的深度去思考。

如以一層次思考的人與以二層次思考的人，互相誤認為以同層次思考某事項時，可能會發生爭執。其原因是互相認為對方的論點有一點不近情理。如雙方承認思考的層次有差異時，可能可以平息爭執。蓋可以採用以更深的方式去思考對方的意見。一層次主管認為二層次主管，常以莫須有的理由來反對，實際上該理由，一層次主管未曾想到而已。

創造，或研究應以比平時更深一層或二層的深度來思考事情，始能期待成果。要做到此種程度，必須以極強的集中精神處理事情。

實際上，從歷史上的各種成功例可以證明，能完成獨創性的研究成果者，都是對事情能集中精神，全力以赴之代價。

假如認為牛頓發現地心引力為一種　那的「點子」就大錯特錯了。牛頓看到蘋果從樹上落下，係根據他累積的知識經深度的思考才發現的，愛迪生的多項發明，也非偶然，而是深度思考的結果。

2. 研究的契機

研究的方法；由少數人在短期間完成目的者，也有由一個研究室甚至由世界上的多數研究人員做各種學術性參與，花費相當長的時間和階段來達成某一大型研究。

這些研究開始的契機也有二種。一為，研究者對面臨的問題摸索解決方法，經過一段時間後凝集其構思，突然在某一天獲得解決的線索。另一為，專心於某一問題，在想像獲得解決方案後應有如何的最終領域時，突然轉入該課題的案例。此時對問題解決的構想並非技術性的問題，而屬觀念性的問題。

我們在日常辦公室時，也可以體驗到上述的情形。個人的職位分類，處室的分課設股辦事，係由少數人隨時完成或處理日常的工作，但一旦遇到較複雜的問題時，則另行組織委員會或小組，由不同部門的人員參與，以期獲得解決方案。

但是關於研究解決問題之態度，就有賴我們自己的處事原則。如一個人以混日子的心態處事，雖面臨問題自然不會主動去摸索解決方法，更遑論從摸索中凝集出構想，因此問題仍會停留在問題階段，無法獲得解決之道。

例如，電業中待我們解決的問題眾多，目前之熱門話題，負載管理，可以說是其中之一。這個問題從技術性層面去解決不如從觀念性層面去解決。

如將範圍縮小到電業會計面臨的問題時，可以舉出，投資報酬率及各種售電分類成本等問題：這些問題雖各國政府、電業人員及學術界不斷在討論，但是不管從理論上或實務上尚未獲得一致的結論。

關於探討電業投資報酬率問題，可以想像其影響之大，同時也可以想像到其研究可能發展出另一新的領域，例如電業設備使用率問題、市場利率問題，甚至企業的合理資金結構問題等。換言之，應著手研究的問題將會不斷地產生，而成為另一研究的契機。

若將本節「研究的契機」與上節　及的「思考的深度」，連在一起去融會貫通時，可以知道，在日常生活中的垂直和水平面均有很多可發揮創意的空間。我們一切處理之態度要在於主動，如能養成主動積極的態度，我們的腦力可開發的餘地仍多。記得有一則笑話；

甲：世界上最未開發的地方在那裡？

乙：非洲。

甲：非也，是我們的大腦。

讓我們以改變自我的態度共同去開發它吧。

3. 超越自我

企業界，接棒問題始終是一項熱門話題，這話題也觸及「富不過三代」的諺語。這句話也是從過去的經驗中所得之警語。

第一代在艱苦創業後，尚能注意如何培養第二代，而第二代在接棒初期仍能體會上一代的苦心，但是第一代凋謝後，鞭策之聲已消失，第二代在久享創新發展的成果後，人的惰性逐漸萌芽，對於如何培養下一代之念頭漸淡。如能及時覺悟，秉持「創業精神」去培植下一代，那麼企業自然可以延綿不斷，否則可能成為「富不過三代」的證實品。

日本流行「社長學」，指企業主持人應修之學問。其中對如何培養最佳接棒人乙點，在報章雜誌以公開社長（總經理）勉勵接棒人之私函方式，供有心人閱讀。其中一段有：

「我準備將總經理的位子交給你，希望接掌後應「超越」我。」

這種勉勵方式，於公於私是一種挑戰性的要求。如只盼望下一代守成即滿足，這位總經理就不能成為總經理了。任何時代企業應在競爭中成長，而成長必須依賴主持人的能力一代「超越」一代。

另一則為：以座右銘方式勉勵下一代。其內容為希望社會經驗不多的下一代能銘記：

百聞不如一見
百見不如一思
百思不如一行

後二句為日本東洋製鋼、池貝鐵工兩公司社長贈給某接棒人的創造語。其用意為，企業主持人應在發覺問題以後，考慮更深層次的意義，而考慮後應付諸實行。換言之，經深謀遠慮後必須以行動來實現它。這是力行哲學的精髓。

我們所處的環境每天在變化，而變化是無止境的，昨日的成功不一定保證以後能以同樣的方式獲得成功。經理人員的能力應一代「超越」一代，但是在超越前一代以前應努力超越自我，這也隱含著改變自己，改變想法，如此才能充分發揮其能力，將所見、所思去創新，以期保證企業的蓬勃發展。

4.聽出話中話

在民主時代，「聽」別人的意見是很重要的，但是「聽」話卻不是人人都會的。它不但是一種態度，也是一種技巧。

在立法院審查經濟部某年度公務預算時，曾有某委員質詢部長的下列「一問一答」。其過程很精彩，也是一則如何「聽」出話中話的很好案例。

委員問「我不是學經濟的，所以對預算的細節內容無法請教部長，不過為幫助我了解預算，請問部長，我們國家的經濟最高指導原則是什麼？」

這質問乍聽，我國既以三民主義立國，其中與經濟有關的指導原則自非民生主義莫屬，所以任何人想到的答覆應為「民生主義」。但是部長的答覆為，「長期的情形我們暫不談，就以公元二〇〇〇年為目標，我國的國民所得可提高到每人美金××××元，總生產毛額為現在的一倍。」

委員立即打斷部長的說明，追問「我問的是經濟的指導大原則，不是經濟的遠景。」部長答以「我們應談具體的事實，為使公元二〇〇〇年國民所得達到該目標，我們在高科技研究發展方面，應如何如何……。」

此時，委員已不耐煩，又打斷部長的說明，問「本席問的不是經濟目標？也不是問很快就有那些福利遠景。我問部長你是向南方走或向北方走。結果你告訴我，你騎的馬很壯，一小時可以跑多少公里。假如該向南方走而你跑錯方向向北時，騎再壯再快的馬有何用？可能超越基隆後墜落海裡呢？……部長我要問的是我們是採取民生主義經濟或資本主義經濟？……」（然後委員對兩種經濟制度做一大套的說明，擬從略）。

部長對其說明雖以微笑應付，但是始終未以選擇題方式答覆我國的經濟最高指導原則，仍以說明如何提高國民所得為說明重點。在此種「拖延」戰術中，委員的質詢時間已屆。委員最後掀出底牌說，整個經濟部預算的編列似看不出我們要達成民生主義經濟的大目標。

在這一則一問一答的質詢中，大多數的旁聽者最後始知道委員與部長在「鬥智」。前者想以一問一答套上部長去承認我們的經濟最高原則為民生主義，然後「圍攻」八十年度預算中違背該原則的經費項目，最後達到刪除預算的目的。部長可能一開始就聽出委員的「話中話」，有意轉移方向，使委員無法如意地達到目的。

有時創意就是從這類話中有話的對談中得到啟示，但是能否聽出話中話，就得靠個人的注意力和理解力來深度思考。同時也要記得如果一個人裝滿自己的看法和想法就聽不到他人的聲音。

(三)改變認知

1. 以空間換取時間

從企業理財的立場來看，也許有人認為利用應付款項之延緩支付可爭取部份免息資金。但是任何一種處理必有其反作用，表面上企業享受由應付帳款的延付獲致益處，實質上「羊毛出在羊身上」，顧客自然將延期收到銷貨收入之損失考慮在售價上，如再加上售價延收的風險因素時，利用應付帳款是否划算就有待斟酌，甚至可能「得不償失」

某公司採取相反的措施，則該公司實施「加速付款」，其目的在於建立公司支付款項的良好形象，進而希望在採購物品之價格上獲得合理的回饋，這是改變認知的一例。

談到加速付款就聯想到資金的調度上，「時間就是金錢」的諺語。尤其是在通信工具、電腦應用、金融工具相當發達的美國更可感覺到，時間就是金錢的切身意義。在美國企業的資金調度，在有關人員腦力激盪下產生各種通常無法理解的創意。茲介紹實例一則供讀者參考。

在紐約的曼哈坦設有總公司的美國三菱商社，曾將支票的支付地點由紐約市內的華友銀行分行移到離紐約三百公里的西拉庫斯（Syracuse）分行，該分行地點是在近加拿大國境的偏僻鄉下城市，以高速公路交通約需五、六小時始能到紐約市，主持這項「改革」的主管說：其目的完全為了財務上爭取「時效」。以支票社會聞名的美國，一切收支以支票為工具，而開出的支票只有經過銀行提出交換始從該企業的銀行存戶轉出成為現金。紐約市市內支票交換所係廿四小時開放的，如以市內銀行為支付地點，支票送到銀行時，雖在半夜也會從存款戶沖轉付出。為此，一旦開出之支票必須隨時準備資金以備支應，因此就有一筆準備資金發生「呆滯」的現象。利用西拉庫斯市時則可佔地利之優點。美國三菱商社的應付支票，一天一次，在翌晨八時，將截止該時點以前所收集的支票整批運到紐約市內，以便參加下午的支票交換。

同時西拉庫斯分行將已提出交換的支票總額在上午十點前告知三菱商社，使該商社有充分的時間做資金調度。如此該商社不必隨時為「不速之客」準備一筆「呆滯資金」，同時如經結算有剩餘資金時，尚可利用貨幣市場做短期運用。在資金出入頗鉅的該商社，由於有效調度，可控制數億元的多餘資產。

此例是以空間換取時間的實例，亦即以經常手段處理事情難於突破瓶頸時，略為改變認知，即可獲得解決之道。

2. 在休閒中培養創意

現代的美國社會，最優秀的人才是自己新創事業，其次就是以顧問為業，第三才是受雇於各行各業。所以典型的美國企業家的經歷為：畢業於一流大學後先經開業律師的經歷，然後創設企業，例如開辦投資銀行等。他們對工作有無限的創意，但也享受豪爽的休閒，從我們中國文化——勤儉為美德——的眼光看可能會感到文化差距的衝擊。

這些典型的企業家，在工作時的狂熱情形，為了所創辦的投資銀行扮演國際性財務戰略的仲介角色，一切好像在向未知數或連續的難題挑戰。這些企業家隨時在充分利用自己的法律、會計及電腦等知識，迅速而緻密的建立解決問題的架構，然後付諸實施。好像每天在開創新的景象。

但是這種忙碌而緊張的生活外，對於工作透氣也可以說以狂熱般處理。例如平時不太喝酒，但是對飲酒的「藝術」仍不輸「酒仙」，另一方面也是現代藝術品的收藏家，這一方面的造就之深已超過業餘的程度。

這種生活中有忙碌和休閒的平衡，應該是現代人追求的生活方式。儒家思想的理想道德為中庸，其精義為論語的一句話「過猶不及」。中庸的意思也是現代所述的合理化。

報載，日本企業界曾發生，多位企業界高級幹部因「工作狂」壯志未酬而盡卒。學界指出其原因為，生活方式失平衡。英業達集團副董事長溫世仁先生的突然過世，也許係未注意在工作與休閒間求平衡生活的結果。

會計是在企業中最忙碌的部門之一，他們為完成企業所賦予的任務，在趕報表，求正確的資料中過著緊張的生活。會計人員一直在工作中追求借貸平衡，但是往往忘卻在生活中保持忙碌和休閒的平衡，兩者的平衡猶如會計原理的借貸平衡，偏向於任何一方就失去平衡，就是違反我們追求的「原理」——平衡。

英文有一句話 Stop and smell the roses along the way.這句話提醒我們不要不停的走，有時也該停下來，欣賞人生途中的美麗時刻。這是認知的改變，也許會在此刻有了美感而出現創意。

3. 分餅或造餅

年度結束後，企業又為績效獎金的發放而煩惱。本來發放獎金是好事，但是發放不公平則負面作用可能大於正面作用，因此不得不慎重。

在此不擬討論發放績效獎金的高深理論，僅就發放獎金問題而聯想到的有趣的基本觀念做閒談。績效係對一定目標經過大家的努力或設法改進，提高效率，增加生產所獲得之超過目標的成果。應該是「造餅」的觀念，但是目前一提起績效獎金，大家就先想如何去分配它，亦就是以「分餅」觀念去處理，很少有人提醒大家如何提高效率或增加生產來創造更多的可分配的餅。四書的大學裡有一句理財的大法則，「生財有大道：生之者眾，食之者寡，則財恆足矣。」小如家庭，大者如企業，甚至國家，如果無遊民閒手，必會興旺。反之，如組織中的大部分成員係屬於「食之者」，則衰滅可期。

工會的工運，很少聽到工會提出以提高效率，增加生產來爭取更高的待遇，只聽到大家在增加加班費之發給，或旅費打折扣應取消等消極的觀念中「爭氣」。

有一次外國記者問起大陸學者對大陸前途之看法時提到，「以目前的生產力如何餵飽大陸十億人口的嘴。」大陸學者的回答是「我們有二十億隻手從事生產，應該可以解決問題。」其豪語可佩，這就是以造餅觀念去面對問題而不以分餅觀念去爭取一時的享受。

一個問題往往因為觀念之差而引起爭論，有人說「早起的鳥有蟲吃」，另一種人可能反問「早起的蟲不是成為倒楣鬼嗎？」這種爭論就難有結論了。名言的真義固然應從正面去體會老，但是論及創意有時候要改變認知，如此才能產生料想不到的主意。

4. 衙門或企業

大學或研究所的企業管理課程曾流行以案例討論（Case study）方式培訓未來的企業幹部。與傳統的教學方式比較，此法的確有很大的進步，並且能達到「學以致用」的境界。

下面有乙則案例，讀者試擬處理方式。某公營銀行經理得到消息，有一貸款客戶最近財務狀況惡化，有倒閉之可能。據查銀行對該貸款掌握的唯一保證——抵押品，由於經濟環境的突變，其價值已無幾。該貸款中六千萬元之期限即將居滿，當銀行通知該客戶居滿後不續貸時，該客戶提出的條件為，在展延其中之四千萬元的條件下，勉強同意償還二千萬元。請問該經理應否同意此種處理方式。

很多案例並無標準答案，在不同的假設情況下，或不同的補充資料下，可能有不同答案。

假如，該經理獲知該客戶倒閉的可能很大，能收回多少就先收回多少。在這種考慮下，好像只有答應所提的條件。不久該客戶果然發生倒閉。請問其處理是否正確？在此暫不討論上述處理方式是否正確，讓我們聽一聽，事實的發展情形。該客戶之倒閉經人揭發為惡性倒閉，這事件引起輿論的責難，將箭頭指向應撤查該公營銀行有無放款不當的問題。最後引起柏臺大人「徹查」該案。結果該銀行經理被認為「圖利他人」而成為彈劾對象之一，其理由為，「明知」（事後孔明）客戶有倒閉之慮，仍繼續放款四千萬元。

據說當事人一再說明繼續放款四千萬元是為保全（收回）二千萬元的權宜之計，如不採取上述處理方式可能六千萬元會全部「泡湯」。對此種說明，柏臺大人的看法為，保全是公僕應盡的職責，設法收回「幾乎成為呆帳」的二千萬元並非功勞，仍認為未按規章繼續放款四千萬元為失職之舉。

依糾正「原旨」，公僕似應刻板地依規章停止放款，只要照規章，即是迫使六千萬元全部泡湯也無所謂了。

這故事說明公僕難為，也留給學企業的學子或公僕當案例去探討，應追求企業化經營或「制度」化辦事。同時從對事物的認知的角度來看，給我們的啟示為：認知有時候也應跳出一切傳統或制度的約束，在自由自在的氣氛下進行始能發揮腦力，才能期待突破性的創意。

5. 經典的應用

波灣戰爭在伊拉克全面性的敗戰中結束。回顧短短數個月中，各路專家或評論家均使出渾身解數，從各種角度去猜測或評論伊軍和聯軍的戰略戰術。其中最有興趣者為我們祖先傳下來的經典常被國內外專家評論時引述。

例如，洛杉機時報利雅德特別報導（中國時報80.2.20.）就以「孫子兵法——波灣戰爭的必修課」為題，報導自美國海軍陸戰隊於一九九〇年八月調防沙烏地阿拉伯時，就將英譯本孫子兵法分發前線部隊作為必修課。事後證明聯軍的最後陸戰採用了「聲東擊西」和「不戰而屈人之兵方為上策」等戰略。

科幻小說家張系國也說，海珊的戰略為，莊子所說的「以眾小不勝為大勝」來評論海珊每次「小不勝」，看起來喫了虧，但在阿拉伯世界卻贏得更多同情等等。

從以上的評論，我們回想到，幾年前美國出版「日本第一」一書及 NBC 在黃金檔時間播出一個專題報導「日本能，我們為什麼不能？」時，臺灣也興起研究日本式管理的熱潮。最後發現日本式管理的「根」是從我們的「寶典」來的，這些成為「種子」在日本水土培養後孕育出日本式管理。既然是取經於我們的祖先，學者和事業家認為應好好在臺灣培植「現代」中國管理模式，作為「臺灣奇蹟」的精髓，於是坊間書架上除國外企業管理的譯本外，突然間增加不少討論孔子、孟子等思想或四書五經等經典書籍。關於現代管理和儒家思想並論的文章也在報章雜誌紛紛出現。

這些熱潮尚未培育出任何中國式管理前，卻被炒股票、炒地皮的飆風吹熄。與上述孫子兵法在波灣戰爭期間被搬出來炫耀一下一樣，我們的經典也在討論如何提升管理科技時，被我們拿來證明我們中華民族不輸給大和民族或洋基民族而已。

反觀日本，自明治維新到現在的一百多年，不斷地出版類似孔子的經營學，帝王學（貞觀政要的現代觀），孫子兵法的處世等書籍。每冊都不以單純的註解為滿足，每出版一本都以現代眼光做嶄新的解釋。很多企業以我們的經典作為社訓，付諸實行。換言之將我們的經典應用到理念和行動。

尋找經典不易，但是如何運用經典更難，我們好像缺乏耐心和誠意去鑽研祖先留給我們的寶藏精髓，更沒有計畫去配合現代社會情況予以重新認知。在這種態度或心態下，當然難有創意的出現，值得我們警惕。

(四)語彙的創造

1. 利用有附加價值的文句

現代是注重表達的時代。

在公車上有「博愛座」，此文句使人產生對老弱婦孺讓坐之意。日本鐵路曾以「綠色的窗口」來代表以電腦連線售票之窗口，不但在大眾印象中有親切感，更引起顧客的旅情，是一種成功的稱呼。另一以顏色代表的稱呼有「橘紅色的卡」，這種信用卡也以顏色引起客戶的愛好。這些都表示以色彩來提高文句的價值。

假如演講的目的是如何感動聽眾時，應選擇使聽眾易於記憶的詞句。換言之，應選擇「能提高附加價值的文句」。

在第二次世界大戰中，英國正陷於極低潮狀況，當時的首相邱吉爾為振奮民心，發表了不少名演講。其中一節「我除了能奉獻血和辛勞和淚和汗以外無其他東西」，是打動英國民心的佳句。據說在一般民眾中發生一種共同的現象，就是一般大眾只記得「血和淚和汗」一詞，而「辛勞」（toil）一句被忽略掉。血、淚、汗易於訴諸視覺，但是辛勞一句不太凸顯，因此為提高附加價值宜選「多彩多姿」的文句。

記得故台電公司董事長陳蘭皋先生為了說明核能電廠輻射線之程度，舉出很多實例，但是在一般聽眾中永久難忘的一句話就是「核能廠放出的輻射線之程度比坐在二個女人中間所受的還要輕微」。雖然此句話後來也引起若干小風波，發生了意想不到的小插曲，但是不失為「有附加價值的文句」。

報紙曾有一則關於企業界熱中語言表達訓練的消息，其內容為：由於人際開發及說話表達漸受企業人員重視，引起顧問公司等業者注意。臺北某科技名人也引進美國卡內基說話表達訓練並準備搶攻市場等等。這些均表示我們已處在溝通的時代，促銷的時代，也是表達的時代。處在時代潮流中對新產品、新構想，如何選擇具有附加價值的文句本身就是創意，也是推銷創意的有利工具。

2. 舊詞新解

天下雜誌曾在封面專題中報導「玩錢的人」。其內容究竟想強調「玩錢人」掛帥時代的來臨或對「玩錢人」的警告，在此留給讀者去領會。但是，當國內大倡金融自由化、國際化時期，對於所謂「玩錢」是否「投機」似有待澄清。

依中華書局出版之辭海解釋，投資是指「以營利為目的，用資本於某種事業之謂」。而投機是指「作事射利，乘機進行也；如交易之買空賣空之類是。」，兩者出入很大。

有人說，投資基本上應以利他之念為出發點，而投機係帶有欲望的自利行為。但是某些評論家則認為，現代係投機的時代，而做大膽而明快的經濟預測，為投機者建言。這種情形就使我們對投機的含義陷入迷惑。

在經濟、金融自由化後，要預測股票的漲跌、外匯的變動並不簡單。從結果看，往往會後悔為何不在某一時點賣出或買入，這種想法多少帶一點「投機」的味道。

佛教的解說有一段解釋：認為投機雖然屬於佛教語，但是係出自禪的語句。所謂「機」係指接受教誨的能力，也指開竅、覺悟的可能性。因此投機係指師父的機和弟子的機，如棒球投手和捕手間的默契，互相在授受中自然察覺而體會出來。在禪，對於人與人的關係中，當雙方心靈領悟能互相一致時，稱為投機。

這種佛教用語如何轉為經濟用語已無法考古，但是從上面的說明不難推察，如將商品的價格變化的預測視為「機」，而買賣視為「投」時，該用詞也可以適用於經濟範疇。觀察經濟的變動的「技巧」猶如要掌握變化的心態去處事，始能在現代社會中經營企業。

投機如照上述佛教用語來解釋時，和僥倖應有分別。在投機的時代為適應變化需要具備真摯而柔軟的心，單純的僥倖心恐怕會從人類奪去這種真摯而柔軟的心。

我們在利用經典或古文中的例句，追求文句上的創意時，當然應充分掌握該文句的含意及其更深的來源，然後做突破性的用法，才能達到創新的原意。

3. 有共識的名言

從歷任美國總統的就職典禮演講文中，出現了很多流傳後世的名言。其所以會有名言名句的出現並不是由於美國對世界有很大的影響力，我想應該是由於美國總統所看的並不單純以本國事務為出發點，而以世界性的眼光發表觀點，同時其演講內容是經過幕僚人員千錘百鍊，融合新總統的政治理念予以完成，故具有「可讀性」是無須待言的。

老布希總統在一九八九年二月廿日就職。當時「拜讀」其演講文後，個人認為有幾個片段值得介紹，特予以摘錄如次。

布希總統在其演講的一開頭就提到「現在在此，有一位在我們的心中，也是在我們歷史上，建立了永續性步伐的人物，那就是雷根總統。我對於您（指雷根）為美國完成卓越的工作表示感謝。」這一句話充分表達布希總統的為人之厚道，將個人的成就歸功於自己最尊敬的人。也充分表示他已體會「稻禾哲學——越成熟越採低姿勢」的境界。

至於對美國社會，以及對人類社會所期盼的內容有：

「美國應該是為自由而驕傲的國家，應該是清高而文明的，人人所愛惜的地方。……………

但是美國是否已變樣了。我們是否成為物質的奴隸而忘卻使命和貢獻的寶貴呢？財產並不代表一切。更不能做為衡量人生的尺寸。在心裡我們知道什麼是很重要的。

……………

假如美國不為崇高的目的而存在時，那就不是本來的美國。我們目前正在擔負起這種目的，那就是促使我們的國家成為優美而更體貼的世界。

……………

最後布希總統說：

「我認為歷史如一本厚厚的書，我們每天以希望而有意義的行為來填滿每一頁。新的風吹起，翻到新的頁次，而開創新的歷史，如此開始今天的一章。這是「結束」和「多樣性」和「寬容」的一章。這一章雖然是很渺小，但是應該是正正當當的，是由我們分工合作寫成的。」

總之，一篇演講所以能喚起聽眾的共識，自應具有前瞻性、創造性的內容。整篇演說以喚起美國人民為自由和理想而生存。布希總統認為，為達此目標必須從「心理建設」做起。以目前流行的句子說，就是大家有了「共識」，國家才能安定才能富強，世界才能和平相處。道理很簡單但是仍需要由國家的領導人物不斷的做「推銷」才能事半功倍。

4. 名言的應用

一句話，一句成語要行於中外、古今而始終具有不可毀，不可鑽的不朽含意，實在不容易。所謂名言應該就是指具備了萬古常新，永遠顛撲不破的條件。

在我國流傳的名言眾多，有的由後人整編成冊，有的成為學說的內含，有的被單獨應用。但是名言，自倡出時經過時代的演變，或傳播地區擴大後，可能與原倡出者的「意思」發生偏差。更有甚者，經由有偏見者曲解或玩弄，可能失去原文本意。

論語中有一句「子曰：民可使由之，不可使知之。」筆者在偶然的機會中看了幾篇對此名言之解釋和批評的文章。

日人早稻田大學村山吉廣教授在經濟新聞的「名言之內側」一欄中略述以：某些認為過去充滿黑暗的歷史學家，對這一句話痛罵為「孔子在倡導愚民政治。」，這些人解釋該句話約含義為：「民眾不要使其知道任何事情，只要他們默默地跟著來。」，村山教授認為此為曲解，從整篇論語來看，孔子從未愚弄或輕視人民，孔子重視「民意」而徹底的嫌惡「權力統治」。當時民眾知識水準很低，因此孔子說「要使民眾理解政道很困難，但是如實行正道的政治民眾必會跟隨。」，這就是「不可使知之，而應使由之。」

英國的東洋學者魏利氏，在其英譯論語中對上述名言譯成：

The Master said, The common people can be made to follow it, they cannot be made to understand it,

這是相當得體的翻譯。文中並註明，二句 it 係指 the way（道）。

論語別裁一書的著者南懷瑾先生對該句名言說：五四運動時，他們打倒孔家店，這句話也是孔子的「罪狀」之一；大陸上批孔，可能這個「罪狀」也很大，他們認為這是孔子的專制思想，不民主。

南先生舉了多位我國學者試改「圈點」方式做新解釋之例子，但是他個人認為不必圈來圈去試圖新解，事實上對一般人，有時候只可以要他去做，無法教他知道所以這麼做的原因………。他也有一個體會，認為天下的事業都是渾小子闖出來的，到了年紀大懂得多了，…………，但什麼都做不成。所以「民可使由之，不可使知之。」是一句名言，不必去另外圈點了。（詳請閱「論語別裁」三九九—四〇〇頁）

從以上論述得知名言的含意是很深奧的，我們在名言的應用時，宜充分瞭解它（知之），然後以發揮它的精神來創造（由之），才能達到創新的境界。

5. 名台詞的應用

莎士比亞「哈姆雷特」舞台劇的開場白有一句名台詞，「To be or not to be, this is the question」。在英國，鄉下的阿公阿婆在看舞台劇時曾埋怨，為什麼常用這種大家已熟悉的名台詞。

在美國某著名雜誌也套用這句名台詞創出下列標題「TV or not TV, that is the question」來吸引讀者。

開場白有時直接了當的對觀眾表示舞台劇的「本事」，有時也只以暗示性的方式處理。上述開場白應屬於後者，其真意應由觀眾，也就是「受者」去體會它。

據說，上述「名台詞」在日本的翻譯因人因時而不同。例如最初（約在明治五年）則譯為「有，沒有，那是什麼？」，到明治十五年的「新體詩抄」譯作「應延續乎，或不應延續乎，此為須三思之關鍵也」，以後則陸續出現「在世，不在世」、「生存乎，死亡乎」、「繼續生存，不繼續生存」、「做，不做」，到最近的「就這樣嗎？不應這樣嗎？」等等，在解釋上有微妙的變化。

莎翁在寫這句話時，有無料到會對後人引起如此多的困擾則不得而知，但是在現代社會，恐怕少有人有此耐性去體會此種含意深奧的句子。

文字雖然是人類特有的智慧，但是能表達的程度有限，對同一事物的敘述，因人而異，同樣的道理，同一文句，有時也由於體會的人不同有不同的解釋。尤其是法令規章往往為了使其更「官樣文章」，無法白話化，更不能敘述化，因此其含意或立法精神（立法時的用意），往往無法納入條文，使法令規章的解釋，有時因逗點或句點的位置，或因一字之差有截然不同的解釋。故不得不慎重。

在一切追求效率的工業化社會，法令規章有時採取簡單扼要的原則。如扼要到須由執行者自己去猜測其含義時，可能會如莎翁的名台詞引起困擾。例如台語歌曲的「愛拼才會贏」一詞，已成為名台詞，選舉時的競選歌，媒體賣藥品的廣告詞無不相爭應用。但是實務上利用名台詞等做語彙的創新使用時，除如何在簡單扼要和充分表達之間去「拿捏」外，如何才能吸引大眾才是創造者應考慮的問題。

6. 讀「論語別裁」一感

我們一生中不知讀或看了多少書，但能遇一本稱心的好書實不多。遇好書如遇知友，是件幸運事。

某年歲末董監會後的聚餐時，一位董事贈送每位參加者一套精裝書，一為「論語別裁」上下冊，另一為「孟子旁通」。從學校畢業後再看四書五經的機會不多，偶而利用論語中的「名言」以裝有「學問」樣，也是學校裡熟背的句子。至於恰當與否就得憑經驗了。

剛收到這些書時，只將其擱在書櫃當作裝飾品。在春節的長假中，忙碌的拜年與郊遊後，為求安靜，無意中抽出「論語別裁」翻閱。為其第一篇「學而」的副題「三言四語」以及開頭的輕鬆敘述吸引。以看小說的心情一口氣看下去。

其內容如該書的前言所述：「本書名為『別裁』，也正為這次的所有講解，都自別裁於正宗儒者經學之外，……。」，有其獨特的風格、表達和見解。

例如，對中國文化中所講的儒、釋、道三家比喻為：佛學像百貨店，裡面百貨雜陳，樣樣具全，有錢有時間，就可以去逛逛。逛了買東西也可，不買東西也可，根本不去逛也可以，但是社會需要它。

道家則像藥店，不生病可以不去，生了病則非去不可。生病就好比變亂時期，要想撥亂反正，就非研究道家不可。………

儒家的孔孟思想則是糧食店，是天天要吃的，………因此我們要研究四書。

（以上摘自該書第六頁）

筆者過去聽了不知多少的有關演講，但是仍對道家、儒家及釋家思想的分別無法有深入的瞭解，經此比喻真是茅塞頓開。

至於其解釋或講述，則不以每句為對象，而從整篇（例如學而篇）的大意到每句間的關係予以連貫，再將各篇間之關係予以交代，糾正過去「斷章取義」的毛病，使我們了解論語的整個思想體系。

論語等四書五經是中國文化的精髓，以現代人去看不但有語句結構的隔閡，更有相距幾千年的時代背景差異，故不易了解其含意是自然的現象，但是此書以淺入深出方式講解，可作為讀者培養氣質風度的終身伴侶。也可作為從事編著工作人士的創作的借鑑。

● 培養使創意思考成為習慣

三　創意的培養

(一) 概述

概述

創意的來源如上述隨時隨地隱藏在我們的身邊，它等待有心人去發覺、找出。所以創意的首要步驟就是「觀察」，觀察力是自我耐心訓練出來的。

任何訓練的關鍵在於培養，也就是在於習慣成自然。創意的培養包括：啟發觀察力、思考力、認知力和理解力等。然後以這些能力和日常生活結合，用於解決問題，擬定決策、處理業務和建立人際關係。

讀者也知道創意除少數獨立存在沒有任何延續的東西外，大部份的創意是經過努力的累積才能期待有結果。所以有心人應自我培育如何累積各種觀點、常識、知識和經驗，以這些作為創意的材料。

本章要提出的創意培養法，雖然以啟發觀察力、思考力、認知力及理解力為中心，但是很難明確地分類，故以筆者過去所聽到，所看到的故事為實例，前二節介紹觀察力和逆向思考二個基本性創意培養法，然後對企業經營、日常生活及數據技巧等不同領域分三節介紹相關的創意培養法。

這些故事雖係個別獨立的，但是所提培養內容仍有其互相關連或互相支援關係，讀者可以視自己的需要組合應用。

總之，創意的培育法很多，但是靠自我意識的成分較多，故建議設計適合自己的培養計畫。

(二)基本的培養法──觀察力

1. 觀察的角度

對某一事物的觀察，受個人主觀因素之影響較大。個人的生活背景、學識、修養，乃至於個性都是影響的因素。

記得有一則關於推銷員的小故事，對非洲鞋市場之前途，一認為土人不穿鞋故前途不樂觀，另一認為如能使每人都穿鞋豈不是一大市場嗎？這故事可以作為探討行為科學問題之案例。也可以作為探討人性問題的案例。但是作為探討一個人觀察某一事物的影響因素也不失為佳例。

談到印度就想起，沒有褲子穿，但是仍積極研究發展原子彈的國家。印度的另一特色為視牛為一聖物，因此因牛而存在的怪現象很多，認為牛不能殺，因此有牛社會的「高齡化」問題，為收養老牛而開闢「養老院」或牧場等等。但是牛可以在大街小巷逍遙，而產生的牛糞問題，對初到印度的人也是奇觀。如我們到印度後撰寫觀察報告時，以目前的常識，可能從環境污染，現代化角度去著手。日本有一篇報導之角度與衆不同，其內容概略為：

依世界銀行一九八一年春發表的印度經濟，全印度能源消耗量「動物的糞」佔九．

五％。據統計在印度牛的頭數約一億八仟萬，年可排出一億噸的牛糞，其中七千三百萬噸做為燃料利用。

農業專家認為此種牛糞之利用法太可惜，如能作為肥料時，可以改善土壤，提高穀類的生產量，進一步可以節省化學肥料之代價。

但是，改用木炭可能破壞森林，如以石油或煤代替時，勢必增加能源成本，尤其是全部改為燃料油時石油的進口額將大增，印度的國家財政可能在數日中就會破產。

每人的石油消費量如將日本人以一〇〇單位表示時，印度人為二單位左右（英石油統計報告），牛糞的影響力由此可窺知一斑。

對牛糞的觀察報導，可大可小，觀察角度變化之大尤對我們有很大的啟示。

企業管理常提的「腦力激盪」，可能就是希望由更多的人，不同背景的人，從不同角度提出怪「點子」，作為企業突破現況之契機，或作為企業提高競爭力的活力來源。

2. 洞察力的培育

在資訊學中，資料和資訊兩個名詞有明確的劃分。資料是指表示某一事實的數字或文字，如資料為某一目的而使用就成為資訊，或資料經過解釋或組合來表達某一事項時始成為資訊。

人類擁有的資料愈來愈多，但是如何將其變為有用的資訊就得靠個人的能力。同樣的資料經過不同的「分析師」去解釋就可能獲得不同的結果。下面有一個實例可供參考。

假如有人問及，韓國和越南除了屬於亞洲國家外還有沒有其他相同之處？大部份的人可能回答：很難找出相同的地方。

日人作家司馬遼太郎氏在其歷史小說中認為，從歷史和地理環境看，兩個「非常相似。其論點的內容概略為：在七世紀初。我國的隨唐完成統一的帝國。對近鄰產生了很大的影響。在日本有大化改新，採取中國式國家（律令體制）。當時與隨唐帝國相連的朝鮮半島從高句麗、新羅及百濟三國分裂的局面，由於新羅和唐朝聯合征服百濟和高句麗後統一朝鮮半島，但是唐朝於六六九年在高句麗的舊都平壤設安東都護府以期控制該地域。

在同時期（六七九）年，唐朝在目前的河內也設安南都護府。越南和朝鮮半島雖然採取中國式國家的過程略有不同，但是一直到朝鮮的李王朝被日本侵略，越南的阮王朝被法國推翻前，兩國的國家體制、官僚制度及知識階級制均受隨唐的影響，成為統治國家的有效工具。

假如不是日人司馬氏之上述解釋，相隔遙遠的二地，恐怕很多人無法瞭解文化背景有很多相同的地方。

由上述例子可以看出，如使用者具有敏銳的洞察力和分析力時，企業從會計等內部資料可以「解釋出」相當有用的資訊。這也是在企業管理中，經營分析或財務分析成為重要工作的原因。

企業內部之培訓計畫，如從訓練資料整編人員提昇為培養具有洞察力的人才，相信該企業一定有更多的創新產品，而在市場的競爭力也能隨著提升。

3. 找出病源

經濟日報的副刊（八十年六月廿一日）曾登載，國策顧問趙耀東的看法，臺灣的社會文化變成「速食麵文化」，這現象瀰漫於政治、社會、經濟、甚至學術界，不是想一夕成名一夕致富，就是想一夕間爭取到權力，這種速食麵文化帶來的災害相當嚴重。

筆者曾經閱讀日人作家司馬遼太郎的報導小說「關於人的集團」乙書有一段批評華僑的文章，其大意為；越南在一九七三年美軍撤退以後，日本的商社與華僑做買賣的情形很多，在越南民族資本（越南人的資本）並不成熟，因此透過既有的資本主華僑進行貿易才是捷徑。但是一般華僑缺乏為了國家（僑居地國）百年大計而運用自己的資本的思想。日本商社在促銷整廠輸出計畫，提出興辦工業的構想時，華僑通常首先考慮投資的收回，對於工業，尤其是重工業等遠大的計畫並不感興趣。對於製造塑膠水桶等簡單的商品的工廠較會動心，甚至對輕工業的投資通常還會詢問，「能否在一年內回收？」，假如回答是否定時則興趣缺缺。

又，華僑對於資本是屬於個人的思想根深蒂固，很難理解現代產物「法人」的存在。

清朝末期後中國一直無法現代化的原因之一就是這種「買辦資本」思想。中國商人一直成為外國商人的爪牙，不考慮自己國家的利益，只想如何獲得個人的利益，這種做法就是買辦資本。資本主義未發達的國家想要擠進世界性的資本主義大海時，易於產生這種買辦資本，最後使國家陷於滅亡之途。

將這三篇文章連在一起看時，好像給我們想到現代中國人的「時病」，但是能否依此即下結論這些就是我們中國人的「通病」呢，如此做當然太草率。對於一些問題，應觀察更多的資料，以「同中求異」或「異中求同」予以演繹或歸納，才能找出真正的病源作為思考創意對策的依據。

4. 多方向的考慮

年輕女士所使用的皮包已流行長肩帶而柔軟質材，因此在擁擠的公車上，或上下車時，背在肩上互相擠擦時也不　事，與以前的金屬開口，硬質真皮的短帶皮包比較感覺上舒適很多。相反地，男性提著旅行箱型的公事包，在上下車就覺得　手　腳。本質上小皮包、公事包的設計本身並無不當，問題在於使用的方法，但是假如不期待適當地使用時，那麼也可以歸罪於設計。

如將話題從這些當與不當問題轉到安全問題，就想起新型的汽車。過去大部分的汽車的反視鏡係安裝在車前，但是目前均裝在司機座位的旁邊。如反視鏡從車身突出很多，在狹窄的巷道就會妨　通行，在停車場有時因而不得不側身通過，對駕駛人而言，為確認後方的情況，當然視線的移動越少越好。又，車上的玻璃加上墨色使外人無法看到內部的汽車已在街上行走。為何要蔭蔽內部不得而知，但是從交通安全看似值得檢討，首先無法判斷駕駛人看著什麼地方在駕駛，在交叉路口綠燈下步行者要橫越馬路時，仍不得不在路中間暫停，判斷行車是否完全停止或仍會繼續走動，又，狹窄的巷道上，汽車迎面擦過時，就無法互相表示意圖。如透明玻璃的駕駛人讓路而無法知道墨鏡玻璃裡面的人的反應時，讓路者的心裡上的不舒服也可想像的，所以關於汽車的設計，不但要考慮使用者的要求，似應通盤地考慮安全和交通情況問題。

我們日常使用的電器品又如何呢？在設計和使用上，有無引起他人困擾的例子。冷氣機的放熱設備可能在鄰居窗戶附近，或向走道對著行人放出熱氣，這也是相當困擾的。聽說日本已推出低噪音型的洗衣機。由於生活方式變化，需要夜間洗衣服的家庭增多，為免困擾鄰居，想盡辦法開發新產品是一種好現象。

企業各種制度的電腦化時，不當設計當然會引起相當大的困擾，甚至會引起第三者對電腦化的不瞭解或不信任，所以要求完善的設計自不待言。但是有了設計完善的制度仍有賴正確的使用。俗語說「制度是靠人來執行」，其道理則在此。

觀察、設計、使用是創意完成的三步驟，所以一種創意除要求銳利的觀察力外，為了上述三步驟的合理配合，對設計及使用應做多方向的考慮。

5. 客觀而理性

演戲必須有配角，所謂配角不待言，是指扮演配合主角的角色，其任務為隨同主角使一場戲能順利進展。配角從另一角度看，是在輔助主角或成全主角。這些話雖然是周知的事實，但是看看我們在人生過程中大部份的人只認為自己在扮演主角。當然任何人，以其個人的人生舞台看，他本人是主角，而在其人生中所出場的他人都是配角。但是稍為冷靜去想它時，應可以發覺自己的人生也是他人人生的配角。以個人的婚姻世界來看，如從太太的角色言，先生也是配角，但是在太太的人生中，先生所扮演的角色是否最佳配角，是值得深思的問題。

關於換一個角度去觀察事物，可舉出另一有趣的事實。我們東方人看慣的地圖，係以亞洲大陸為中心，隔了太平洋在右邊有南北美洲，歐洲大陸及非洲就擠在左邊。但是歐洲人所看的地圖是否相同呢？不然，是以歐洲大陸為中心，在右側有亞洲大陸及日本等國，因此「遠東」各國係歐洲人稱呼我們的方式。美國人所用的地圖自然係將南北美洲排在中間，隔了太平洋及大西洋有亞洲大陸及歐洲大陸。

這二則敘述，表示不管是個人也好，或團體也好，甚至國家民族也好，在想事情時，或看事物時，易被主角或主觀觀念迷惑，這種習性也是人類的弱點之一，台灣的勞資糾紛，好像也是某一角色很少站在另一角色的立場去思考問題所致。火車司機的「集體休假」，其目的為爭取「合理」的加班津貼。但是他們是否想到他們服務的鐵路局在連年虧損下支撐下去？他們是否想到如爭得「額外」津貼後，與其他同仁（看柵欄員、站務員）比較，會不會引起他們的不滿？鐵路局為支應這些「額外」負擔後，為反應成本勢必加票價來彌補，對利用鐵路或公路為交通工具的旅客而言，在選擇上更使鐵路局陷於不利的立場，如此循環，鐵路局的赤字將擴大，服務品質將降低，最後的結果為「唇亡齒寒」，是福是禍呢？

雖然此種推論稍屬「杞人憂天」，但是歷史上的事實證明，此種推論並非虛構。英國工黨執政時，過份保障工人權益而引起經濟衰退，幾乎把大英帝國推入三流國家之行列。幸好保守黨鐵娘子佘契爾首相之鐵腕改革挽救了英國，不過英國國民付出的代價相當大。

我們是聰明的民族，大家應摒棄本位主義，以客觀、冷靜、理性的態度來處理「大眾之事」。探討問題亦然，可從不同角色去觀察，提出各種各樣的解套方法，但是應記住如太主觀往往無法獲得客觀而理性的創意。

㈢基本的培養法——逆向思考

1. 問題的單純化

有一個學生在大學畢業前，為選擇繼續深造、就業或回鄉繼承家業而舉棋不定時，前往老師家請教。老師述以「人生，對於複雜的事情應予以單純的處理。如將複雜的問題予以複雜的思考，就會鑽入牛角尖，無法辨別入口或出口，而陷入『迷思』。另一方面，單純的事情應予以複雜地思考。蘋果從樹上掉下來是自然現象，是一件極單純的事情，有人就予以複雜地思考。此人就是牛頓，他從單純的自然現象發現複雜的萬有引力法則。這就是學問。」

我們在日常生活中遭遇此種事情眾多。

我國工商業為提昇管理技術，除原已採用的美式管理外也曾探討被稱讚為「日本第一」而熱門一時的日本式管理。經過幾年的摸索和嚐試，雖創造了經濟奇蹟，但是眼看鄰近韓國、新加坡等新興工業化國家(NICS)的追越，也不得不檢討引進的管理科技是否有「水土不服」現象。在錯綜複雜的心理下，回頭想想，身為中國人，總應有自己的管理方式。一時間，探討中國式管理的潮流從學術界風靡到企業界。

筆者不敢落後，除收集有關論述外苦思形成中國式管理之根源。為此，思考的觸角越伸越複雜，有關心理學、民族學、中國文化思想的書籍、論述均作為涉獵的對象，其結果可想而知，不但未找到入門，反而陷在迷陣，不知進行的方向。

最後看了前述老師的一句話，給筆者一個啟示，對複雜的問題應予以單純化，單純化後再予以細究（複雜化）。我國管理之神王永慶先生所述，「管理上應無所謂中國式管理或日本式管理，管理只有一個原則，追求合理化。」

也許上述問題的探討應簡化為「追求合理化」，然後以此為原點重整旗鼓。

管理大師杜拉克除出版很多名作外，其顧問方式也另有風格，也就是所謂的「杜拉克式的問句」。他坐下來與客戶談事情時，看了資料後頭一句話就簡單地問「你真正想做的一件事是什麼？」然後再問下列各點；為什麼要去做？現在正在做什麼？為什麼這樣做？

這就是將問題單純化的步驟，如此我們才能針對真正的問題集中精神去尋找解決的方案。

2. 標準化和豐富化

家電用品使生活愈來愈方便，在簡單的按鍵動作就可以做各種各樣的事情。新產品雖然增加了很多機能，甚至已有機能過剩的感覺，　使我們懷念過去簡單的操作。各家電用品公司為了吸引顧客，在新機種中對同一機能也採用不同的操作方法。

這種趨勢在手機（攜帶式電話）也發生，在新技術下，以更低的成本出售很多機能的產品，但是在使用者的立場而言，並不一定成為全面性的好處。因多機能化使操作複雜化，結果不一定真正的方便。有時所增設的新機能對使用者而言，是無用的「寵物」，更遑論其普及性。

另一方面，家電用品的零件或消耗品的互換性很低。例如手機的充電器則一例，假如能像照像機的膠卷予以標準化，可用於任何廠牌的機器，對使用者可增加更多的選擇機會。換言之，產品從國家經濟的觀點看，不宜以零件規格的「立異」取勝，應以有特色的產品讓顧客自由挑選才是「正道」。

我們已處於變遷的時代，也正邁向成熟化、高齡化及高度資訊化的社會。在這種社會中追求生活的豐富化是一種趨勢。在追求生活豐富化的要求下，只靠高科技已不足於促銷產品，如何在產品中融入「高感性」是未來的促銷策略之一。

所謂高感性(high touch)係指適合消費者的心情，是指諒解、心意、歡心等對買手給與心理的滿足，心中的喜悅。例如目前很多雜誌社對長期訂戶贈送記事簿時，刻上用戶姓名則一例。這種贈品已超過單純的東西，是具有附加價值的「事物」，其價值很難以貨　價值來測定。

例如，會計注重標準化、制度化，但是另一方面為滿足企業的要求，也不斷向豐富化路線摸索，這也是管理會計成為現化管理重要支流的原因之一。會計在標準化、制度化方面已有相當成果，但是如何應付變遷快速的社會要求，發展出一套更豐富化的管理工具　有待大家去克服。

任何事情不斷追求標準化後，似宜停下來考慮是否應以豐富化來潤飾，相反地過份的豐富化也非福耶。這就是創意在培養逆向思考的原因之一。

3. 長處和短處

每個人的個性不盡相同。個性溫和的人常因為其行動緩慢成為缺點，個性急躁的人常因為其行動衝動成為缺點。如果我們認為前者是個人的長處或認為後者是個人的短處，則人人均有其長處和短處，所以我們應可在他人的長處中看出短處，相反地，也可從他人的短處中找出長處之所在。從某人的短處中真正察知該人的真面目是很重要的，尤其從缺點想像其優點更為重要。

通常我們從某人的過失中判斷其缺點，如果我們有「仁心」，應從他人的過失中找出其優點。這一句話的含義，如擴大對社會或一個國家的觀察，其意義更為重要。

美國自從貿易逆差擴大，美元貶值，預算赤字增加變成債務國以後，過去被認為世界領導者，而大家以其「馬首是瞻」的情況，似乎一變，大家批評其社會制度之不是，企業組織值得檢討等等。事實是否如此呢？美國的社會制度是否已一文不值，真的缺點百出呢？讓我們從小處去觀察它。

美國人辦事要求一個一個來，不像我們中國人擠成一堆各表示各人意見，經辦人照樣「從中」處理工作。因此在美國櫃臺前，或進餐廳時必須先排隊一個一個「按部就班」

進行處理。你說美國人「笨」也好，有「規律」也好，如從短處中看長處時，這種好像很笨的做法，在速度上更有效率。而整個的秩序井然有條，不會養成取巧的惡習，從長遠來看，社會可在和諧中運作。

相反地，讓我們看看另一種世界。曾經被懼為即將吞食世界的共產獨裁社會，從其元祖俄共開始懷疑其存在價值後，東歐各國紛紛改採多黨政治，走向自由化社會主義，向美國及西歐學習。這些事實是否表示，共產社會從美國的長處中發覺自己的短處，不得而知。

我國儒家思想所提倡的中庸之道，似乎可以解答其部份理由。中庸是反對過和不及，「物」和「質」是相關的，量的過和不及均可能改變物和質，故提倡「和而不同」。所謂「和」係指調和矛盾的對立面的平衡，而「同」係指消除矛盾的對立面的差異。那麼中庸是否折衷主義呢，答案是否定的。折衷主義係無視原則的迎合，而孔子的中庸有其原則的。（註：摘自孔健著孔子的經營學—日文）

人類的思想，生活方式如走向任何極端，將成為短處而無法在人類的世界生根，以中庸的精神追求生活方式，從短處中尋求長處予以發揮始能期盼人類的和平共存。這種思考方式也是創意的自我訓練法之一種。

4.興利不如除害

在競爭劇烈的現代社會裡，大家相當重視創意，尤其生活水準提高以後，大眾有「喜新厭舊」的心態，例如百貨公司的商品以「日新月異」的速度展出新花樣。以企業管理的名詞來說，這是以創意來促銷的花招。

企業的經營措施或管理制度也在革新或改革的口號下不斷地創新，從時代的潮流看，為取勝同業，全力推動新方針或新政策是無可厚非的。但是假如這些係「新官三把火」方式而對企業或大眾又是無用，甚至是無實效的口號的話，那就值得檢討了。

很多事情有一利就有一害。在歐洲有一句古諺說，「對頭部有利者，則不利於頸部和肩部—That which is a good for the head is ill for the neck and shoulders」。我國元朝的創業功臣耶律楚材有一句名言說，「興一利不如除一害，生一事不如省一事」。東西名諺其含意相通，兩者均主張，創設一項有利的事情不如革除原有有害的一件事情迫切。

當蒙古軍席捲中國本土後，成吉思汗即時聘請耶律楚材為顧問執行稅制的重編，財政組織的整頓。他就以「除一害，省一事」的原則建立強有力的政治體制。

我們日常工作中，往往上級指示就增加某些調查表，雖然這些報表可能已達成目的，或已失去存在價值，但是在經辦人心目中已變成例行性工作。又某些規章為因應當時的特殊環境而制定，但是不久之後事過境遷而成為不合理的約束，如無人建議，該規章可能仍被「遵行」。這種情況不但阻礙企業的正常運作，甚至可能引起員工的不滿，無形中產生嚴重的負面作用。

因此，我們要談「革新」時，似不必只想如何訂定新的規則，或如何訂定新的工作程序，而更重要的工作就是如何對現行規則中設法刪除不必要的條文，如何在目前的工作程序中省去不必要的步驟。所以「除害」也是創意者應追求的目標之一。

卓越主管的條件有一條「化繁為簡」，其精神則在此矣。

(四)不同領域的培養法——企業經營

1. 追求高格調創意

據說在鴉片戰爭中，大多數清朝高級官僚面對強大的英軍而不知所措時，國家的安定由不發豪語，為自己的工作默默而踏實盡力的無名人士支杖。

淡淡或默默為自己的工作而盡力需耐心和智性。尤其是在動盪的社會中，如要不斷地認清自己的處境，必須具備自我分析和情勢分析的能力。歐洲的某一研究學者，對來訪者介紹獲得諾貝爾獎的研究成果時，不誇大也不謙卑，而從學問的整體中正確地說明其地位，雖然多少帶一點謙遜但是仍充滿自信。這種態度和氣質是值得學習的。

在功利主義瀰漫的社會中，有些主持人可能寧願鼓勵開發即時可賺錢的商品，也不願為獲得諾貝爾獎而投入大量的研究費用。製造本田機車而發展到本田汽車工業的已故本田宗一郎，曾以五十萬日圓為獎金舉辦「全本田創意競賽」。第一次獲得頭獎者為，可裝入手提箱的折疊式機車，但是本田先生對此非常不高興。他指責「誰要求製造即時可銷售的東西」，「將此類『東西』選為頭獎，可見審查委員的格調低俗」，並要求「應鼓勵年輕人抱著更高的理想」。

能夠獲得諾貝爾獎者應屬於大研究、大創意。要培養此類有豪志者，需要一流的研究環境，良好的基礎科學教育和充裕的研究資本等，但是過去獲得該獎者之統計數字表示，劍橋大學畢業者佔五十人而哈佛大學卻未曾出現獲獎者，這種現象表示良好的環境以外，似仍有某種因素存在。

日本前首相宮澤先生在就職演講中提出建立有品格的國家，嗣後並註解所謂有品格的國家為，不驕不卑能忠實地完成自己該做的事的國家。一時間，日本國會論政出現了「高品格」的質詢。一改過去的謾罵、喝倒采式的詢問，議員們的質詢也引用我國史記、菜根譚，甚至國父孫中山先生的箴言也被搬出，例如當時的民社黨的大內委員長引用國父所說：「依民意者國立，逆民意者國亡。」來呼籲政治改革，但是日本輿論仍帶著懷疑的態度批評為，所言甚是只盼望有更多的高格調政治家的出現。

從古代歷史看，無論政治圈、企業界、學術界，要培養或出現高格調的人物並非易事，除時勢、環境條件外，個人的世界觀和修養才是最重要的因素。

企業的全球化已經成為我們必走的方向，企業要在國際性競爭中成功，其因素很多，有特色而高格調的企業文化則其中之一。例如台積電的「誠信」，台塑的「務實」，統一的「關懷」都是。

2. 培養野鴨式員工

經濟部曾注意到國營事業的用人費膨脹問題，實際上任何組織的用人人數都有增加的趨勢，尤其是企業為然。有人常比喻企業經營的重點在於如何留住人才，因此「企」字係由人和止二字構成。這種拆字解意是否真正反映創造企字時的原意無法求證，不過以企業來表示以人為中心的組織卻很高明。

企業組織隨著其成長帶來很多管理上的問題，其中因員工人數的增加而產生的問題特別多。因此早在一九五七年英國人白金森氏在英文「經濟人」雜誌發表白金森法則，其中第一法則就是「政府官員人數的增加與工作量不發生關係，有時甚至沒有工作，也會以一定比例增加」。他對上述現象以「法則」來表達多少帶有諷刺之意味。他認為出現該現象的原因係起於①官員喜歡屬員的增加，但是厭惡競爭者的存在，②官員通常互相在「創造」工作。

這種現象已傳染到現代企業，因此企業組織越來越龐大。在先進國家流行「大企業病」一詞，該詞係形容企業巨大化後所患的病狀，亦即大企業對環境的變化無法立刻採取行動，為開會而開會的情形越來越多，大家為做決議而磨菇。

IBM公司的第二代經營者華德森氏（Thomas Watson Jr.）說「企業需要有野鴨」，任何組織在逐漸擴大，易於失去活力，組織內的成員慢慢產生依靠組織的心態，而消失清新的氣氛。所以華氏描述埋沒在大組織內的成員為「被馴育的野鴨」。他認為這種野鴨已失去飛翔的能力，在自然界─複雜的社會，很難求生存。

IBM公司在一九九一年發生創業以來首次的虧損，雖然一般批評該公司發生這種情形的原因為，無法隨著時代的潮流轉變經營戰略，但是究其失敗的本質，實際上係該公司的龐大組織已無法保持員工的活力所致。IBM公司的遭遇不幸被自己的經營者言中。

活力消失又是自然現象。那麼如何才能避免這種循環的發生有待企業專家開出妙方。腦力激盪常被提出的激發活力的方法，因創意有時候是刺激的反應，企業員工在刺激與反應的連續中，保持生存的活力，恢復野鴨式的求存能力，而不斷的湧出創意才能對企業帶來活力。

3. 塑造企業文化的步驟

曾有機會閱讀日本朝日新聞外報部各名記者對東南亞國家(地區)一系列報導的「合訂本」，閱後感覺到大自然環境可能影響一個民族文化，而一個民族的文化又影響或形成該民族的居住環境。在近代史中，民族的移動範圍擴大時，這兩者間的相互影響關係有如「蛋與雞孰先」的問題般難以解釋。以下是該報導的片段：

泰國與澳、加均有怡人的大自然和氣候，因而併列為糧食輸出國，過著「不必為明天而憂慮」的生活，培養成不考慮過去與未來只為今日而活的人生觀。有人說泰國人之好賭可能與此人生觀有關。

關於香港的系列標題，對住在臺灣的我們而言，既熟悉又厭惡，例如噪音都市、插隊等，無非是此地的另一寫照。另一報導則認為香港是「競爭社會」。由於香港為群眾社會，有一天成為巨富時就能在社會上出人頭地，但隨時可能變成赤貧而埋沒於人群中，所以可依賴者究竟為個人。換言之，香港是以個人為主體的集合體，香港人認為個人的主張就是生存本身。「人生就是競爭」是香港人的口號，在香港競爭關係著每天的生存。

在菲律賓，「哈囉哈囉」係一種顏色鮮明的冰果。當地的香蕉或鳳梨切成細塊，加在甜紅豆、紫色的地瓜餡上，覆上刨冰或冰淇淋再淋上鍊乳，食用時先以湯匙攪拌予以混合，為菲人的嗜好物。哈囉哈囉含有混合的語義。有人說「菲律賓文化如哈囉哈囉」，真是妙語。菲國由大小七、一〇九個島嶼形成，約五千萬的人口由四十餘個部族構成，是個完全混血民族，菲國經由西班牙、美國殖民統治有四百年之久，因此成為「基督教和英語、美式民主主義」的混和體，和其他東南亞地區比較，在地理上、文化上成為異色的存在。

一個國家的文化如此形成，企業的文化似乎也依循這種軌跡而形成。

從以上的報導得知，文化的形成表面上是傳統和環境等各種因素，在求均衡的狀況下出現的整體。但是當我們為企業探討、建立新文化理念時，可用「分析」能力將它剖解成不同成分，找出每一成分的意義後，再以「綜合」的能力，重新安排組合這些成分，得到最有利的組合。台電公司最近將原有的經營理念「誠信、品質、服務」改為「誠信、關懷、創新、服務」，其用意為品質是屬於靜態、被動、對內。新的理念中「關懷、創新」是主動、動態。亦即希望永遠走在環境改變的前面，保持更強的競爭力。

4. 決策的一刻

我國電腦化工作的推行初期，可以說是由國營事業扮演「火車頭」角色。當時（五〇年代）美國企業及政府已陸續採用電腦以代替需大量人工作業的工作。在美國能盛行的主要原因，除文字上的優點外，與其政府有關法令的配合及企業的制度化不無關連。反觀我國，當時一切尚在萌芽時期，遑論有關法令的配合修改。因此推行電腦化需付出的精力及智慧是可以想像的。下述故事是當時「拓荒者」的經歷，其辛苦可見一斑。

當時臺糖公司的電腦化工作是國內的先驅也領先各國營事業，而率先將會計事務處理電腦化，因此帳簿報表均由機器產生，但是依據當時稅法和會計法規定帳冊必須有一種（總帳或明細帳）要裝訂成冊（不能活頁），且需事前送稅捐機關驗印。此種規定，難倒了電腦化的適法性。

臺糖在法令未修改前則採用電腦化活頁帳簿，經查帳人員認為「茲事體大」而提出行政院聯合查帳會議討論，並邀請審計部等有關人員出席商討適法問題。此案的主角為當時的主計處二局長、審計部廳長和臺糖財務協理。

局長一向主張一切處事均應適法，台糖協理在積極推行電腦化工作中，必須為我國企業的電腦化極力辯護其需要性。廳長必須在兼顧「適法」與「事實」，不願因審計技術而阻礙電腦化的發展。在此種情形下各長官在處理該案的立場相當複雜而責任重大。下面是解決問題時的對話大意：（註：細節容或與事實略有出入）

局長：臺糖由電腦產生的帳冊是否合法，審計部在查帳時有無困難。

協理：各帳冊均依據合法憑證產生，公司內部及第三者（審計部等）在查核帳務時，與人工作業時並無二致。

廳長：電腦產生的會計帳冊之使用應以配合公司內部的需要為重點。如臺糖在使用上無困難，而第三者查帳時，可隨時提供必須的追　軌跡，審計機關可接受。

局長：（裁決）臺糖繼續試辦一年，在一年內，一方面修改有關法令，一方面檢討臺糖實施情形，作為正式核定之依據。

從此種簡短的對話可以看到每位主管在裁決的一剎那須具備創意性思考能力的修養，而這些創意性決策在在影響企業或政府機關的電腦化營運的命運。

那麼決策的瞬間所需要的創意如何培養呢？我們可以回顧「問題要單純化」一節所述「杜拉克式問句」的訓練法的精神，也就是開出問題的核心，然後集中精神解決真正的問題。換言之，如將問題簡化為一點（一件事），等於問題已解決了一半，剩下者就是針對問題下對策。

(五)不同領域的培養法——日常生活

1. 生活的改善

夏天的來臨對學子而言，是一批同學在學成後舉行畢業典禮的季節。我們的畢業典禮總是在驪歌的莊嚴儀式中，帶著依依不捨的離情。但是美國的畢業典禮稱為Commencement，表示開始的意義，其典禮在快活的佈置及盛大的演講中進行，對即將踏入社會的年輕人，給予祝福和鼓勵。

畢業典禮，東方人以回憶過去方式處理，而美國人則對即將來臨的時光抱著期待的心情參加。這種差異也許起因於文化背景的不同，但是也暗示我們對事物可以從不同角度去想它。

國營事業的會計年度改為七月制以後，夏天的到來對會計人員而言，是為了年度結帳而忙碌的時期。但是近年來民意高漲以後，五、六月份又是國營事業會計人員為應付立法院疲勞轟炸式的新年度預算審查時期，所以夏天的來臨也是為「開始」而忙碌的季節。

會計人員好像就在這種周而復始的忙碌中過日子。因此很多會計人員已經忘記照顧自己的生活。假如能以休假等方式暫時離開工作崗位，或許才有機會去認真考慮如何生活。

我們如對生活給予關心時，應該可以「改善」。當我們處於物質豐富的社會裡，反而忽略了對精神生活應付出的關心。例如，在我們日常生活中佔大部分的時間的書齋或臥室，想要居住得更快適，可以從投擲在信箱的廣告單中選購組合式書桌，移動式箱型貯物櫃來擺飾雜亂的書堆或雜物。客廳中的音響設備如不考究「高級」享受，也能以迷你攜帶型CD裝置代替，來享受由音樂陪伴的夜晚。

這些生活中的設備等硬體方面的改善，當然還要精神上、思考上的軟體方面的配合。讓我們在忙碌的世界中關心生活是否改善。

有人說靈感在心情輕鬆時出現，也有人說創意只是「概念的一扭」，所以創意除了不斷的自我訓練外，如何放鬆生活的步調也是創意人應學習的功課。

2. 忙中有閑

有一句諺語「最忙的人最有空閒的時間」，從表面上看有一點矛盾。忙人不可能有閒散的時間，如說有的話似乎有違常情，但是仔細想一想也有其道理。這種以表面的矛盾來引人注意的諺語，早在十九世紀中期就在英國流行。當時有名的「自助傳」也出現這句話。但是這種想法據說在古羅馬時代已出現，而有人以相反的方式表達，成為「無事可做的人最忙」的名言。也有人說「豬的尾巴終日忙著在搖擺，但是並未做事。」

在我國找不到類似的成語，雖然有「忙裏偷閑」的成語，但是其含義卻迥異。入秋後連續假期較多，遇天高氣爽適於寫作的季節，大家貪圖想完成那件構想，或實施這件計畫，結果這些大部份仍停留在計畫或構想狀態。有時這些未實現的工作卻在繁忙時完成。有空閒時容易執著於瑣碎的事情，而將時間虛度，最後等於吃掉空閒的時間。相反地，忙碌的人將事情迅速的處理，所以可享受事後的閑暇。

美國的經營顧問對繁忙的總經理所提出的諫言為，將當天應做的事項逐條列出，按重要程度給予順序，依序完成，如此可以不再無秩序地忙碌，結果應可以產生餘裕的時間。

在工作中所騰出的時間才是真正的閑暇，人家給予的休假並不一定是閑暇。世界上，往往愈是閒人愈為無聊的事而忙碌，同時在忙時喊苦，在閒時也在叫苦，所以如何安排自己的生活是很重要的。尤其是慣於忙碌過活的企業家，似乎也應該設法去實踐「忙中有閑」的生活。

據吳靜吉博士在民國七十四年創造力發表會提出十五項影響中國人思考的情意習慣中，有一項「嚴肅的氣氛往往使思考失去彈性，反而不如輕鬆的氣氛容易產生創意」，因此創意人應學「忙中有閑」的生活。

忙裏偷閑的方式很多，自花費較高的打高爾夫到不必花費的慢跑等，有五花八門的方式，只要有心去安排，可配合本身的條件去量身「創造」。

3. 回歸樸素的生活

談起環保問題或垃圾問題時，可能和生活的方便脫離不了關係，因此要保護環境或減少垃圾就要問「能否犧牲生活的方便」。我們在追求生活的方便中不知增加了多少的垃圾、免洗餐具、塑膠袋等是最明顯的例子。有人說我們要過更「體恤」地球的生活就要過較樸素的生活。

談到生活的要求，日人作家山下氏在訪問泰國時，有了很深切的體會。他在旅途有機會住宿農家，對於該農家傢俱之簡且少，覺得非常驚訝，但是想起當時泰國農民和其友人在客廳的談話，證明雙方對生活的看法有很大的差距。其友人問及：「為什麼泰國人沒有想要東西的欲望？」泰國人卻反問：「日本人已有過多的東西，為什麼還想要更多呢？我（農民）想一定是日本人的心理始終處於貧窮的狀態。」對於泰國農民的最後論點，山下氏覺得非常地慚愧。

尤其是，住宿在農家的某一深夜，突然感覺有人走近其床邊，定神一看好像是個大男人，作家山下氏立即將錢包抱緊而做必要的準備。來人將手電筒照晃一下。是強盜嗎？山下氏想，但那人只是將山下氏踢開的棉被輕輕地蓋好，然後悄悄地離開，在月光下所浮出的背影竟是農家的主人。作家為自己的行為和想法感到羞愧。

一九九一年元旦澳洲籍日本人上智大學教授Mr. G. Clark和日本經濟團體連合會會長(東京電力公司會長)平岩外四氏的對談中,Mr. G. Clark建議日本人除勤奮的工作外,應挪出更多時間去看看提高生活品質的書,並和家人共渡休閒時間,以扭轉過度追求物質生活的情形。

生存在物質越來越豐富的世界,追求生活的豐富化絕對不是物質的滿足,如只追求物質的滿足可能永無止境,可能把人類帶入「貪」的世界,所以回到樸素的生活而養成心中的充實感才是我們應追求的最高目標。

我們古代所傳下,有關於如何追求心中的滿足的經典名句很多,其中「澹泊明志,肥甘喪節」或「滿則招損」也許意含人類如生活在豐富的環境下會磨損求進步的意願,更不必談有創意的思考。所以有時候回歸簡樸的生活對創意的產生會有更大的助力。

很多藝術家、作家遠離繁華的都市,隱居郊外或山區去找靈感,可以證明此點矣。

4. 保持正面的人生觀

聯合報的社會版曾登載一則不大引人注意的感人故事。其內容為；經營「和　子」日式糕餅生意的臺北市「明月堂」負責人周金塗先生因為感念一名計程車司機敬老尊賢，婉拒收費，最近連續在報端上刊登巨幅廣告，找尋這位好心司機，欲當面再道謝及贈送薄禮，一時傳為美談。

我們常用「報喜不報憂」來表示某些部屬隱瞞事實，只報「功勞」或長官喜歡聽的消息，對於可能影響大局的問題反而不提。這句話目前卻被大家用來形容大眾媒體只「報憂不報喜」，只報導社會黑暗面，眾多的「好人好事」似引不起傳播媒體的興趣。好在當時輿論一再要求，新聞媒體對社會不正常的事件報導應客觀而不強調，甚至部份人士呼籲，先對媒體報導的怪現象做「消音」工作，來達到轉變社會風氣的效果。多報導社會上的好人好事有鼓勵作用，從改善社會風氣而言，應有積極的意義，也可以產生良性循環作用。

對於事象的觀察，最重要者為，觀察者本身的態度及對事象分析的公正性，其次才靠使用者（閱讀消息或資訊的人）本身的人生觀。同一事件，因為觀察者的態度或想法不同，可能被認為可喜的訊息，也可能成為偏向於悲觀的訊息。

例如：談禪的人常提的一個故事：有一位媽媽，大女兒嫁給做雨傘人家，小女兒嫁給做香人家。這位媽媽終年為兩個女兒愁眉苦臉。其原因為，晴天時擔心大女兒的雨傘賣不出去，雨天時又為小女兒的香無法晒乾而煩惱。後來經過「高人」指點，為何未想到，雨天時大女兒的雨傘一定是很暢銷，晴天時小女兒的香很快就能晒乾。這指點改變了這位媽媽的想法，從此她過著愉快的日子。

又，企業的財務報表分析報告，雖然有很多計算公式及指標可供應用，以期獲得客觀的結果，但在歸納或演繹分析結果時，難免會受分析人員的態度或想法而發生偏頗的現象，不得不小心。

創意的產生貴在從不同角度去思考問題，但是以正面的人生觀所創出的建議，對社會或企業才能發生積極的影響。

5. 錢的聯想

某公司內部刊物收到關於「現代婚姻的經濟分析」之稿件。內容係從經濟學眼光分析婚姻，並探討目前離婚率上昇的原因。該刊「編輯委員」在決定是否適於刊登時，意見略有出入，為求慎重乃交由臨時組成的小組討論。結果雖部分與會人員認為，該刊讀者均相當成熟，刊登不至於有「影響」，但是大多數認為有負面作用，該稿件乃暫緩刊出。

因此筆者憶及，過去常被討論的「愛情和麵包何者重要」的問題。這些話題雖不像「雞和雞蛋孰先有」般不易獲得結論，的確也無絕對的答案。正苦於找出產生這些問題的原因時，在日本經濟新聞的方塊專欄看了「愛情和金錢」一篇文章，其大意為：

『假如有人問及「愛情和金錢何者較具體，何者是抽象性的價值？」時，毫無疑問地，任何人的回答是，金錢才是具體的。因為錢可以買任何東西，可表示具體的數量，可以互相比較，它是社會上通用的，所以具有具體性的價值。

假如只談及應具備能以數量表示或比較，又可以交換，愛情就無資格和金錢比較，愛情是抽象的。但是對人類而言，愛可以是目的，但是錢本身不能成為目的。愛是幸福的，但是有錢不一定幸福。

對人類而言，具體性的價值是目的，也就是幸福，錢是實現幸福的手段，所以它是可以取代的東西。從這一點看，錢似乎是抽象的價值。我們所以會直覺地回答錢才是具體的，是因為我們生存在只能以金錢衡量價值的社會。沒有一家公司的損益表列出表示「愛情」的項目。人類發明了相當方便的貨幣（金錢），亦即抽象的價值，因而創造了能實行充分分工，但是仍能互相協力的社會。

人類發明貨幣，在初期可能是為了便於將各種事項予以數量化，但是不久卻成為社會上唯一的具體性的價值和目的，不但如此，目前發展成為支配社會的構造，甚至人類的價值觀。』

這篇文章是否對上述問題提供解答問題的線索，留給讀者自己去體會。不過我們日常工作本來就對各種活動的各種因素（事項）中能以金錢衡量部分，透過會計制度予以歸納、分析、表達。因此資本主義的社會裡易於將社會上的任何現象，以金錢來觀察的毛病。盼望大家有時要拋棄銅臭，回到自然的懷抱，為自己的生活，創造嶄新的局面。

6.「甜美而光明」的社會

社會上的物質生活愈豐富，一般人的唯錢主義或物質主義的想法會愈濃厚。同時到處可以「嗅」到錯誤的自由思想和貪婪的心態。這是一百五十年前，經濟繁榮後在英國出現的荒廢情形。

臺灣創造了經濟奇蹟後，不知不覺中把自己推到一百五十年前在英國出現的社會邊緣，而在社會上已出現精神生活的貧窮現象。

曾經轟動社會的砂石車超載鬧事問題，正突顯唯錢主義的貪婪心態。只為了賺錢可以蔑視法令，可以破壞他人的自由，甚至可以犧牲他人的生命。這種錯誤的自由思想也許比一百五十年前的英國社會更嚴重，輿論為之嘩然，傳播媒體不斷地譴責，但是要扭轉這種社會現象，有待沉默大眾的努力。

如何才能拯救這種執著於功利或道德敗廢的庸俗社會呢?當時（一八六九年），學者安諾德在他的「教養和無秩序」主張；只有以「甜美和光明」（Sweetness and light）所調和出來的理想和文化，才有辦法扭轉它。Sweetness and light 有很多譯句，有人譯為「優美和明智」，Sweet 也表示和諧，light 也表示理性。安氏認為，在世上綜合這兩者的優點就是文化。英文的 Culture 在個人而言係表示「教養」，而在社會則表示「文化」，所以該字有雙重含意。

如把教養和文化分開推展，則無法脫離庸俗化的社會，可能成為沒有理念的社會。因此以「優美和明智」或「甜美和光明」兩者所融合出來的理想和文化始能拯救目前的社會。

最近大家已提高對文化、教養或教育的關心，個人在日常生活中開始追求精神生活，企業界也開始提倡文化生活，連百貨公司也犧牲寶貴的空間開闢藝廊供顧客在購物外沾一點藝術的氣息，這是好的開始，但是如何借重安氏主張的「以和諧和理性的優點融合於我們的社會」，使我們的社會早日恢復秩序，進一步能脫離暴發戶心態，建立真正具有文化氣質的社會，實有待我們拿出「國人的智慧」去創造有品質的生活環境。

(六)不同領域的培養法—數據技巧

1. 創造新的財務技巧

「科技」乙詞之意義無人不知，然而「財技」乙詞雖然在國外企業界已成為「家喻戶曉」的名詞，但是國內近年才被人提起。所謂「財技」是指財務技巧，就是充分利用金融手段提高資金籌措和運用的效率，以獲取更高的利潤。尤其是金融的自由化、國際化在進展時，就企業而言，資金的籌措已多元化，資金運用也有各種各樣可選擇的「商品」。因此，從實物產品可獲利潤已臨邊際之情形下，靠「財技」獲利就成為很重要的一環。

當世界景氣低迷，貿易保護主義抬頭的時期，企業靠實物商品可獲取利潤越來越低，企業間的競爭也越來越劇烈，這種惡性循環使企業靠實物商品的利潤，在平衡點的邊緣徘徊，很多大企業不得不另闢「財源」。在此種環境下逼出之一條路就是利用金融自由化、國際化所進行的新技術「財技」。

所謂「財技」說穿了就是，充分了解金融等環境的變化利用會計資料，以預算控制為基礎，進行更有創意的財務活動。簡而言之，在實務上「進行零成本的資金籌措」。

首先，在損益計算書方面，提高生產或銷售活動的營業成果，以營業利益的累積籌措必要的資金，減少或不再依靠外部資金。換言之，以培養企業的收益力和成長力來實現自有資金的管理。

其次，在資產負債表方面，注意借方（資金的運用方面）和貸方（資金的來源方面）的管理以排除資金的浪費。在貸方，可訂定交易規則嚴密防止應付帳款的不健全的膨脹。以此為前提設法抑制借方的應收帳款、存貨等，使其保持在合理的程度。

企業正面臨景氣、不景氣的波浪，技術革新帶來的製品壽命的縮短化，從少品種大量生產轉為多品種少量生產，消費者性向的變化等動盪時代。為因應這種動盪時代，必需尋找合適的生存方法。企業所保有的營業資產的型態如生物在變化，如何抑制某一部分資產使其合理化並不簡單，必需在企業組上下各階層「同心協力」、「全力以赴」才能期待其效果。

這種管理觀念上的創意，對提昇企業的競爭力而言，有時不亞於製程管理等技術的創意。

2. 注意資料的陷阱

要瞭解目前的複雜世界，愈來愈需要統計數字的幫助來解釋社會現象，因此數字的重要性也顯得特別重要。但是統計數字有時給我們帶來「迷思」，請看下面幾則報導。

有關美國對加拿大貿易的統計數字，美國曾宣布改用加拿大政府的統計數字，其理由為加拿大的統計數字更為正確。有趣的事情就是採用加拿大的數字後，美國對加拿大的貿易收支赤字每月有十億美左右的「改善」，因此這種統計對美國的整個貿易巨額赤字，有「少許」的幫助。

對國民所得統計的速報稱為QE（Quick Estimate）。美國的QE的發表相當快，但是嗣後之修正幅度也相當大。因此美國人自稱QE為Quick Error。雖然迅速的統計對及早採取行動有裨益，但是如何在正確與迅速間取得平衡是一種難題。

依聯合國的統計，不丹與孟加拉均為世界的「最窮國」之一，但是不丹的生活實況遠優孟國，其原因為經濟學的國民總生產（GNP）係以貨幣的流動為基準。但是不丹的貨幣經濟尚在萌芽時期，不以貨幣計算的物物交換以及服務交換非常發達，而這些經濟行為無法計入GNP。在不丹，人民擁有祖傳的豪邸也很普遍，這些「資產」在未出售時則與GNP無關。其道理如世界銀行有關人員所說，英國人的GNP比日本人低，但是前者在石雕房屋過著優雅的生活，而後者住在「兔屋」般小屋過著忙碌的生活，究其原因，只能說「數字的魔術」所致也。

創意的訓練法很多，例如，腦力激盪法中的「刺激—反應」；分析上綜合的交叉應用；對以習慣所下的定義逐漸擴大定義所含蓋的範圍等等。這些訓練有時候以統計資料作為思考的媒介去推展，如上述的報導給我們的啟示，當我們利用這些數據時，應仔細推敲其背後的實況，以免中了數字的魔術而誤導創意。

3. 深究數據的內含

據說人類越文明越懶得去學習數學或利用數據有關的學科，例如統計學、物理學等。因此文明，首先帶來體力的退化，又逐漸「進展」到腦力的退化。在美國的學校，數學是學生最弱的一環。這種現象是否與近年美國經濟一直無法起色有因果關係尚待證實。

數學雖然大家不願去學習，但是演講或談判時利用相關數據或資料，往往勝於其他說明，也就是說，其說服力很強。但是假如應用不當則會產生負面作用，甚至可能成為他人反擊的把柄。

在中沙邦交發生問題時，立法院箭頭指向當時的外交部錢部長，其中某立委在質詢時表示，所有與我國有邦交的國家人口總和，僅佔全世界人口的百分之二點七，去掉沙烏地阿拉伯將只剩百分之一點三。話聲未落，錢部長立刻表示該委員數據有錯。錢部長指出，沙國人口僅八百萬人，南韓有四千萬人，按理減去南韓才可能出現損失一半的百分比。僅扣去八百萬人的沙國怎麼可能從二·七%降到一半的一·三%。當時立委犯了數據上的邏輯錯誤，不但未能發揮說服力，反而被部長利用做為反攻擊的依據。

在數據的應用方面，另一值得注意者為，瞭解數據所表示的含意。例如最近大家開始注意高齡化社會的來臨，所謂高齡化社會係指，人口結構中六十五歲以上者佔總人口的比率超過十％。一般對高齡化社會首先想到的社會問題是如何增加其福利以減輕個別家庭的負擔。但是如進一步探究其形成的型態時，可以察覺其對社會的影響不是單純的福利問題。例如其形成的原因為，「產少死少」則對勞動人口之衝擊很大。因為「產少」從長期看具有生產能力的人口比率將下降，同時又因「死少」而增加高齡人口的比率，將成為食之者眾，生之者寡的社會。故對社會的負擔將增加，假如其形成的型態為「產多死少」，則因為勞動人口之變化不大，對社會負擔自然較前者為輕。

從上述舉例可以想到「數據的應用可逐漸擴大其所含的定義範圍，追求更深一層的內含，以期訓練自己的重新定義能力，但是，我們對於常利用的統計數字或財務比率等數據做創新的解釋前不得不注意比率的形成的背景或數據的邏輯，以免發生一知半解的情形。

4. 不宜以偏蓋全

華裔日人陳舜臣所著「日本的 中國的」一書對日本人和中國人的民族性、文化背景等差異有詳盡的介紹，在敘述差異前有一段方法論，其中談及：

「以比較方法解釋事物是較容易使對方了解的方式，但是往往隱藏著陷阱。尤其是對某一集體做比較時，可以說陷阱百出，不得不小心。某一集體與其個體相同，各有其特質或性格。集體中通常有例外，例如可能一千中有一個，或一百個中一個，十個中一個的例外，既然在程度上有差異，在處理上就不得不注意其影響的份量，無論如何，如以一個例外予以擴大視為該集體的特質，則等於落入陷阱。」

這一段論述值得我們參考。我們在日常生活中，犯了以例外推論集體特質的情形很多。

例如，某人在週末或假日常攜眷前往近郊指南宮進香，並在附近走動來活動筋骨。通常會遇到廟裡廟外人潮擁擠，香火鼎盛的盛況。指南客運班班客滿，令人不禁羨慕附近攤販託指南宮孚佑大帝的庇佑，家家生意興隆，大發其財。

但是有一次在週日抽空前往該地，一切情況迥異，指南宮之安寧與假日比較真是天壤之別。悅耳的鳥聲讓朝拜者能夠享受片刻屬於大自然的寧靜，也可以在莊嚴的氣氛下上香。

某人以假日所見的盛況來判斷指南宮日日如此，顯然犯了以例外斷定一切的毛病。因此筆者曾有機會赴日旅遊從前未曾去過的日本東部（北陸）和北端（北海道），不敢再以走馬看花所得之印象「以一蓋全」的報導，即使偶有覺得特殊而新鮮的地方和事物。亦細心求證於陪伴的日人，以免以例外判定集體特質的錯誤。

我們在執行財務報表等分析，或進行企業經營的診斷時，更應避免看到『例外』就作為創新意見的依據。

雖然創意有時候可以「無中生有」，但是如果依據未經仔細推敲的資料作出的創意，反而會犯「以例外判定全體」的毛病，最後成為不切實際的東西。

5. 從趣譚學習

某年初夏主計長及財政部長向立法院報告附屬單位次年度預算編製情形，筆者奉派「旁聽」。兩位首長報告後依程序輪由立法委員質詢，質詢內容包羅萬象；有的挑剔報告內容修詞不妥，有的批評報告中的政策不妥，真是從芝麻小事到國家政策，隨委員的興趣而變化，使「旁聽」的各事業主辦會計，有幸上了一天「什錦」課程。

在質詢中，有一位立法委員突然指著預算書，對部長糾正今天資本支出預算中，有很大的比例以攤提折舊作為資金來源，認為不妥。該委員說，折舊明明是費用怎麼可以「混列」為資金來源。傍聽的幾位主辦會計，正不知如何替部長準備回答此項質詢，好在部長經驗豐富，對此類質詢索性不答而了事。

備詢者對此事正鬆一口氣時，在座一位主辦會計提起類似趣譚。

某一省議員在審查預算時，對預算書的上年度預算欄列有「閒置資產」，質詢有關單位主持人說，我們上年度預算並未核准編列購買閒置資產之預算，為何可以隨便在預算外購置此類資產。該主持人恐怕平時並無時間去了解會計常識，在議員嚴厲追問下，只好說，我的記憶裡並未核准他們購買閒置資產，回去徹查後向議員報告。真是「妙問妙答」。

趣譚無獨有偶，另一主辦會計也述及類似往事。光復後不久，有一位自任專家的查帳大員，帶領查帳團赴事業單位查帳。實際工作均由年輕團員代勞，該大員以領隊身份通常翻翻報表，或與事業單位主管聊天來混時間。有一天突然拿起資產負債表，質問該事業主辦會計說，你們怎麼編報表，損益表是「一月一日到十二月三十一日」而資產負債表只編列「十二月三十一日」，有無問題？對這怪問題，使得該主辦會計不知如何應付。

這些故事對會計人員「或許」是趣譚，但是對非會計人員恐怕不知其「有趣」之點在那裡。

很多專業，例如法律、金融或會計等雖然與一般人士的關係很密切，但是不幸這些專業所用的專有名詞並未大眾化或常識化，因此容易發生類似上述的趣譚，希望讀者發揮創意精神對這些名詞，創造大眾化的語彙或文句來減少誤會。

● 創意始於產生構想終於付諸執行

四 創意的執行

(一)概述

概述

創意本來就鼓勵異想天開的奇想，才不會阻礙創意的產生，但是創意的最終目的在於付諸實施才不會止於空中樓閣性的點子。雖然過去也常發生創意被擱置的情形，所以能否付諸實行應慎重評估，才不致發生「漏網之魚」的憾事。評估創意是否為可行的方案，可透過下列各階段逐步進行：

①界定問題—要解決的或要達成的目標是什麼？
②擬定執行方法—擬訂解決或達成目標的各種方案。
③評估方案—對初擬各方案評估合適度、配合度或可行度等並決定優劣次序。
④擬訂布局—對優先方案設計執行工作的初步切入布局。
⑤具體布局—對初步布局予以具體化，如預算、人力、物力及工作時程等支援方案。

註：第④和⑤步驟，視檢討結果可反覆處理。也就是在第⑤的具體布局遇到難突破的瓶頸時，回到第④步驟。

創意的評估各步驟的詳細方法，請讀者參考企業管理等相關書籍，本書擬予從略。但是對於評估方案時的現實問題「創意的市場性」應予以探討，也就是應探討創意值多少錢？創意要賣給誰等市場性問題。假如創意無市場性，可能停留在供人參考的點子。換言之，創意經檢討後具市場性始成為可行而有價值的東西。

正如史丹福大學教授阿諾德氏（John Arnold）說：「創造的過程不是以產生一個構想為結束，而以產生一個構想為開始。」也就是創意從初步的構想開始，經過評估，說服別人，推銷布局及付諸實施才是創意的終點。

下面舉出若干創意的推銷及實踐有關的故事供讀者參考，但是在此特別聲明，關於創意的推銷和實踐相關的方法不限於本書所述者為限，實務上如何推銷，如何實踐有待讀者視個案自己去創造。

(二)創意的推銷

1. 理想和現實

歐洲單一市場的形成比想像更快的速度向目標邁進，在歐洲大陸的主要都市到處可以看到建築用高空吊臂，好像一切為迎接單一化而努力。單一市場化已非「一種可能」，而已成為「既定的事實」。甚至目前（二〇〇四年）已擴充到東歐，參加國家已達二十五個國家。

歐洲單一市場的構想並非近年的產物，是過去數十年間，經過期待和挫折的反覆所得的想法。但是最近的動向與初期構思時的情況有明顯的差異。其差異在那裡呢？簡而言之，初期係沉迷於理想，目前則以現實為立足點。初期只是動機而目前已脫離歐洲主義的理念性口號，認真討論現實性危機。則以如何縮短歐洲與美日的經濟或資本市場的差距，作為議論的出發點，所得之結果為歐洲各國有整合的必要性。

歐洲市場單一化，在推動方式上，也拋開下列的各種理想主義。例如，採取特定多數表決方式的決策，要求各國制度的統一，或追求歐洲大陸的完全統一等理想。相反地，採取現實性的步驟，則只要取得調和，可從容易進行的問題開始。此種方式反而加速了各種工作的進行。

上述EC市場單一化的案例對我們日常遭遇的問題解決提供做法上的啟示。例如經濟、金融或政治上的各種制度面臨改革時，與其採取理念先導型，不如以現實立足型去處理。

我國在解嚴後，社會上要求改革的事項層出不窮，一般總是想以理念先導方式去處理，因此發生了第八任總統副總統選舉以來的各種風波。假如對這些問題，從現實面具體地指出癥結所在，同時對解決的方案也從現實面充分檢討其可行性，或許大家不必經過「抗爭」、「協商」或「整合」等複雜的程序。

古諺說「欲速則不達」，與其急忙的以理想為先導去進行改革，不如充分觀察實情，先從具有實效的項目進行改善，以實效的累積促成理想的實現，說不定可更早達成目標，我們通常在修改法令規章時，採取適時重新檢討，作部分修改，就是兼顧理想和現實所採取的步驟。

例如，企業為合理地表達其財務狀況和經營情形必須以會計為工具。因此會計應有其基本的理論和原則。但是在實務上則不斷配合現實，適時發表一般公認的會計原則，來達成充分揭露的使命。亦即，會計有其崇高的理想，但是在做法上仍以現實為起點。

創意有時候是一種理想，但是上節（概述）所述，如何將其付諸實踐才是終點。因此創意有時候也不得不向現實妥協。

2. 理論與應用

在低溫時物質的電流抵抗成為零，在此物質中電流會永久繼續流動，這種現象稱為「超電導」，這物質為超電導物質。

由於電氣抵抗（電阻）為零，故一旦通上的電流會永久流動，不發生因電阻而產生的熱，故無能源的損耗。以超電導物質製造線圈時，電力只要輸入一次就不必顧慮電力的消耗而產生強力的電磁石。

這種理論在一九一一年由荷蘭人溫尼斯（音譯）以液體氦為冷卻劑做冷卻水銀實驗時，在攝氏負一六九度時水銀的電阻突然成為零，而引起世人的注意。但是這種理論之商業化遭遇冷卻劑之經濟性問題。

冷卻劑如使用液體氦時，一公升約需二—三〇〇〇元，氦氣只產於北美洲，其他國家仰賴進口，因此各國均在研究如何以較高溫度而能產生超電導的物質。

一九五七年美國三位科學家提出 BCS 理論（BCS 係以三位科學家之姓名首字組合），能以絕對溫度（註）三〇—五〇度產生超電導現象，三位科學家因而獲得諾貝爾獎。但是此理論產生了一種疏忽，亦即只以金屬為對象，未注意陶瓷類等半導體。最近各國科學家以不同物質、不同冷卻劑來克服「理論的商業化」問題。報載日本住友電氣工業公司在一九八七年六月廿九日宣布研究出一種在常溫攝氏二七度（絕對溫度三〇〇度）時完全沒有電阻的超導物質。

這些研究的實用化可能改變電業經營—電力儲存方法的改變。目前將夜間離峰時剩餘的電力以抽蓄發電方式，將水的水位抽存於上池，在電力需求較多的日間尖峰時以降低水位予以發電。如改以超電導線圈儲存電力時，可能對電業經營帶來革命性的影響。

超電導的研究也可能對軌道運輸業—鐵路局帶來超高速的新方法，則利用超電導磁石使列車以一小時跑五〇〇公里的速度行駛，屆時臺北高雄間在一小時內到達。

從上述過程我們得到種種的啟示，首先，研究的方向是在「嚐試錯誤」中進行，但是如認知不改變將研究局限於某一範圍，可能無法獲得突破性的成就。如大家都以金屬為對象去求答案時，超電導可能仍在某一水準打滾。

另一啟示為，理論與應用的研究同樣的重要，無純理論的研究自然無其應用的存在，但是止於理論並非創意的目的，從創意的推銷的角度看，畢竟理論的探討是貴在應用於改善人類的生活。自然科學如此，社會科學豈非如此乎？

（註：絕對溫度以攝氏二七三度為零度）。

3. 以平常心溝通

有一天，在某主管的辦公桌上，放了一張公保眷屬（父母）參加保險申請單乙份，對已屬「子欲養而親不在」的該主管而言，該單已無意義，故即時請服務生將該單退還經辦人。當時只怕延誤經辦人統計彙辦的時效，即時退還也想免去經辦人來催辦，實際上的想法的確是如此單純。不料隔天，經辦人親自到該主管辦公室「道歉」，並解釋說申請單係普遍分發，不需用者可以自毀，並非明知該主管不需要而仍放在桌上。這是雙方未能有效溝通而引起的小誤解。退還者無意，經由服務生退還就產生溝通上的隔閡。經辦人將申請單放在主管桌上，本來只希望主管知道該單位在辦理此類工作。不過該主管未能猜到這種用意，這是溝通上的難處。

又，某公司工會代表大會在總管理處召開，會中為爭取調整夜點費等問題與該公司人事部門主管在溝通上發生說明上的差距。人事部門將問題推到「會計部門不同意」來「脫身」，使會場充滿不滿意的氣氛，最後代表們「強烈」要求會計部門主管親往說明。

次日會計部門主管以誠懇的態度到場表示「會計部門對公司任何業務上的處理，只依法令規章解釋支付的合法性或向公司當局提出為完成合法性應採取的步驟。換言之，會計部門只扮演建議的角色，無權決定可否。」

會場各代表了解實情後，「乘機」要求旅費等預算的增加分配。既然討論主題已偏離原來方向，與會主管也離開「資方」的立場提出「相對論」—檢討如何提高效率的重要性。在此種合理要求下，工會代表之訴求氣氛也平息下來。

第二天，被認為立論公正的某大報，一面倒的報導「非」事實。內容為：「昨天的列席說明，事實上並沒有新鮮詞，會計部門仍強調決策權在人事部門，推拖的姿態曾再度引起工會代表的氣憤」。如上述，當時並無「推拖」的情形，會場也未見代表們對該案處理有不滿的表現，該報紙的報導不但不客觀，也表露出近年新聞報導的「一貫技巧」，不當地加油添醋。

從這二則親歷的故事體會出，溝通的難處。也體會到，溝通只有雙方以平常心相處時才能期待效果，如何使雙方處於平常心可能也溝通的重要步驟之一。

創意進到推行階段難免會遇到不同利害關係人的抗拒等阻力，此時除了溝通以外還是溝通，使「雙方」回到平常心才能期待起步。

4. 引導優於討好

據報導，日本一般企業某年度的年度決算與前一年度的情形比較出現了一種微妙的變化。前一年度的財務報表中表示「本業」經營結果的營業利益，其成長率比包括以財務技巧獲利的營業外利益成長率緩慢。但是某年度發生相反的情形。因此分析家認為過去靠投機性操作來賺錢的經營者已開始覺悟，他們開始致力於本業的經營。一時間相當流行的利用發行股票或債券來套利的方式，被認為是靠「神仙才知道的行情」來過活，非正派經營者應走的路。

另一報導說，最近日本的大電氣製造商為大學生或年輕人的研究人員開始疏遠數學而感嘆，該報導並指出在亞洲工業國—韓國並未出現此種現象。故他們憂慮此種差異將影響日本的企業競爭力。

數學為研究開發的基礎，是屬於不求表現需要默默耕耘的範疇。假如一個國家的年輕人視該工作為厭煩的工作而疏遠時，對該國家而言，則出現已面臨「危機」的信號。日本在韓戰後以快速成長追趕美國經濟，雖然其形成因素很多，但是年輕人願意投入吃苦的研究工作為不可忽視的原因之一。

這兩則報導有一共同點就是，日本的輿論隨時提醒社會大眾，不宜走向「急功好利」的社會，呼籲整個社會結構中應培養更多能吃苦的人。

我們的社會現象如何呢？報載有一年大學聯考錄取率社會組僅二六％，自然組達六二％，這種比率似乎在表示，在年輕一代間瀰漫著追求舒服的心理。政府本應重視此種現象的後果，不幸，報載教育部考慮逐年增加社會組的招生人數以「討好」年輕人，這種措施是否有遠見，值得深思。

歷史上很多創意（包括原理原則的發現）往往在推出當時，並未獲得共識，但是後來卻成為永留世間的傑作。我們在探討企業的問題時，討好式的創意易於獲得讚賞，而導正式的創意往往須經過一番說服始能獲得共識，但是後者才值得我們去挑戰的目標。

(三) 創意的實踐

1.外科手術和中醫治療

經濟學有物理性的想法和生物性的想法。另一方面，在經濟政策的實施方法有外科手術式治療和中醫式治療二種。採用何種方法論，可很明顯的反映出各國的國民性。

以中美兩國為例來觀察時，可以獲得之結論為，我國偏好中醫治療法，而美國則喜歡外科手術，不但偏好而其「大膽」的實施已有成功的例子。從貿易摩擦時兩國交涉的情形看，美國要求我國採取外科手術方式，而急於獲得成果，盱衡國內，由於偏好中醫式治療，在進度上兩國有步調之差異，已急壞美國。曾經發生的美國要求我國開放菸酒進口的談判一再暗示臺幣升值等，無不反映兩國之國民性。

我國在臺幣升值方面，一直採取中醫式治療，每天升值一分已令美國當局頭痛，美國恨不得能採取當時五國財政首長（5G）會議決議，對日圓要求大幅升值之外科手術模式來「治療」臺幣升值問題。美國對外交涉如此，其在內政上亦有相似的表現。從一九八四年頒布的財政均衡法的內容可以窺視其民族性。該法希望將超過一、七〇〇億美元（一九八五年）的財政赤字在一九九一年前予以平衡。在該期間每年機械性的設定目標赤字，如赤字可能大幅超出時，將對若干例外項目以外的歲出項目在次年度一律刪減，此法顯然係大手術型治療。反觀我國，在前幾年景氣低迷時，舉國一致希望政府採取積極的（外科手術式）方法來改革，政府也順應民情，聘請學術界、商界名士及政府官員，組成「經濟革新委員會」期盼其能提出革新方案。結果，方案中治療方法屬於外科手術者很少被採納，付諸實施者多為中醫式治療方案。

目前世界情勢在劇變中，逼使我國加速一切改革，尤其是在美國保護主義從抬頭到已成為「氣候」之情形下，我國經濟必須走向自由化、國際化。

我們應該認清大環境的變化，對景氣的維持，民間經濟力培養等長期性政策當然可以採取中醫式治療，但是在市場開放，經濟自由化、國際化過程中如有特殊的障礙，似乎也不得不採取外科手術來治療，否則將成為慢郎中而無濟於事呢。

這些故事給我們的啟示為，創意在進行評估的「擬訂布局」和「具體布局」階段，應採大膽改革（外科手術）方式或漸進改善（中醫治療）方式，則有賴創意人與相關部門密切連繫，發揮高度的智慧去解決。這些工作也是另一創意思考的機會呢。

2. 實踐靠說服

某公司為高階層主管舉辦一連串的「充電」檢討會，以期主管能順利應付日常對內對外的溝通。所安排的課程節節精彩有用。

例如臺北市某議員主講的「如何化解群眾衝突」可以說是融合經驗和理論的傑作。其中一段，如何說服民眾的經驗談，尤為精彩。其內容為：

木柵區民眾為垃圾處理場將設在該區福德坑而群起反對，市政府為之舉行溝通會（說明會），但是民眾要求該區選出的市議員為他們主持「公道」。該議員為木柵區民眾支持而當選的二位議員之一。理應出席為他們的反對壯壯聲勢。但是身為議員，應有「遠見」，應有「擔當」，更應有「正義感」。因此在這種場合其處境十分難為。

為將來的選票似不得不「附和雷同」，但是要成為「政治家」而不落為「政客」，又不得不從大處考慮市政。在此種考慮下，如何應付民眾勢必依靠個人的智慧。（讀者在未讀下面該議員的處理絕招前不妨試擬辦法。）

該議員在群眾反對設垃圾場的聲浪中，站在發言臺講話，既不能隨眾，也不能直述群眾的反對不應該。因此該議員先問群眾：臺北市的垃圾是否必須處理？臺北市的地形擁有山地而人口較疏者有那些行政區?答案是內湖和木柵。

內湖垃圾處理場已屆滿載，勢必另行覓地，因此木柵區自然成為次一目標。地點之適當與否在議會政治下當然以表決為之。請問各位（對著民眾言），代表木柵區的議員有二位，假如我們舉雙手反對，也只有四票，變成孫悟空翻一次筋斗，也不過八票（笑一笑）。如何推翻議案呢!

說到這裡，民眾自然無法責怪該議員，民眾也只好認了。當然其中可能有小波折，但是以事實訴求的方法卻成功了。

此段故事除說明所謂「說服力」應以充分的理由為背景外，更重要者為，成為有能力的民意代表應有原則和理想。

從大陸逃出的民主運動家胡平和當時的立法委員朱高正對談中，為說服朱委員提出下面一段道理，值得我們去體會。「民眾常會有過份要求，但作為領導者必須節制群眾情緒。政治家和政客的重要區別就在於政治家不僅要能領導群眾，而且永遠敢下賭注，在必要時寧可失去群眾，也不作違反自己基本原則的信念。」

創意的實踐完成有時要靠說服力，上述故事給我們的啟示為溝通雖然是說服和妥協的反覆，但是基本的立場一定要堅持，如此才可稱為真正的說服。

3. 化壓力爲助力

關於上班族如何保持健康的生活，常常聽到應設法放鬆緊張的情緒，或工作壓力解脫等方法，從這要求來看，好像緊張或工作壓力是健康的「敵人」。當然，不正常的壓力，過度的緊張可能是生病的原因之一。但是我們的生活中如果完全沒有緊張或壓力可能也無法活下去。

據說，太空人在無重力環境下生活二、三週後，肌肉會萎縮，骨骼中的鈣質會散失，當返回地球時幾乎無法自行站立或走動。我們如要過無壓力或不緊張的生活，也許可將室溫保持於一定的程度，而在濾過後的無菌空氣下，靠點滴營養過日子。雖然如此，仍難免會發生不習慣、不自由的感覺，甚至存有不知將會發生什麼的不安心理，成為精神上的壓力。

人生在成長過程中，經過抵抗壓力的磨鍊，適當地對付緊張的情緒，始能更成熟。假如一味地避免壓力可能只會帶來退化，因此在日常生活中如何處理緊張或壓力就成為重要的工作之一。假如遭遇突來的壓力或重大的急需無法由個人承擔時，最好求助於他人。此時他人最好以從旁協助方式處理，避免直接參與。如此一來可以緩和緊張的心理，解脫心理的不安，然後以平常心迅速地找出正確的解決方法。

某公司同仁參加赴日研習團時，血壓正常為准許參加的重要條件之一。記得有一位被推薦的同仁，患有高血壓症，惟在服藥控制下一直保持正常狀態，但是為出國而參加體檢時，雖在服藥下仍反常地出現血壓過高情形，經過醫生勸說「應放鬆緊張的心理，以平常心接受體檢」。這種心理治療果然有效，終於使他過關。

對自己有自信，就等於踏上成功之路。一個人正在接近解決問題的邊緣時，需要有人從旁鼓勵。假如真正缺乏某些程度的能力，只需要對那些缺少部份給與幫助，如全面性的替他處理，反而無法期待其成長。

我們所提出的創意有時表面上看對企業會產生一種壓力，因而在執行上產生阻力。此時有賴創意人的耐心說明，並在可行性評估階段設法化解壓力，與相關部門充分溝通，以求企業的全力支持。

4. 謀而後行

IBM公司曾為客戶舉辦高階層檢討會，在「結業」時每位同學除獲得一張同學合照外，也領了一座刻有該公司創辦人華德森先生之名言「There is no saturation point in education」的座右銘牌。其含意與「學無止境」相同。這句話對這一批為實現「活到老，學到老」的老同學而言是一種恰當的「禮品」。

提到IBM公司我們也常想起該公司的社訓「THINK」。該公司在電腦界以不斷創新和及時推出新電腦系列聞名，不但如此，在應用電腦的軟體方面，一直遙遙領先同業，充分發揮THINK（思維）與學無止境的精神來開拓事業。假如該公司員工的行為只止於思維或學習，應無法達成如此輝煌的成果。如仔細觀察該公司的歷史可以瞭解，其員工係將學習的「知識」經過思維凝集成為「智慧」，以商品予以具體化。我國有很多名諺提醒我們，不但要認真思考，更重要的就是起而實行。例如「三思而行」「學以致用」均強調「Think then take action」。

在短短的二天課程中，講師不直接強調IBM公司產品的優越，只灌輸身為管理階層如何利用管理科技有效運用組織，其中的道理可歸納為，縝密思考和策劃，然後以實際行動來推動，求其實現。

一個組織逐漸龐大後，分工就越細，每一職掌所扮演的角色也單純化、專業化，尤其在組織的層次愈高，此種現象越明顯。在戰場大部隊的行動，其謀與行更明顯地分別由參謀與指揮官擔任。在公司組織裡，謀與行的劃分就不如軍隊明顯，同時公司組織自不能如軍隊，在編制上設有只提供謀略不參加行動的職位，或只靠參謀之策略而行動的指揮官，任何職位均應扮演謀與行的雙重角色。

企業以腦力激盪等方式去追求生產、推銷和管理等各範疇的創新建議，其目的並不是止於思維、止於學習而不求如何付諸實施的空論。換言之，應以謀與行並重的態度去處理，否則將陷於紙上談兵，被人譏為在唱高調。

五　創意人努力的方向

●創意雖大小通吃，但應有宏觀的胸懷

1.怪聞的啓示

波灣戰爭在專家猜測中，戲劇性的結束。美國以外的國家於開戰初期為了參加聯軍作戰與否，在國內均有一番的爭執，如今在聯軍打敗伊拉克後，各國又為分享科威特等受災地區的戰後重建工作的大餅在鉤心鬥角。

反看我國，政府對此事始終保持「中立」，但是又無法完全置身事外，從戰爭爆發時的撤僑計畫開始就步調紊亂，更不必說有什麼中東政策。

更有趣者，連波灣戰爭有關的新聞名詞也無法統一。例如伊拉克總統哈珊和海珊之出現，如看報人不小心可能以為哈珊被海珊推翻。當聯軍的美國指揮官施華茲卡夫在某報系出現時，另一報系卻報導由史瓦茲柯夫指揮，好在這「兩人」同在中華民國報紙出現，否則在戰場的美軍不知自己的指揮官是何人?當美國國防部長和參謀首長聯席會議主席訪問中東前線時，可能為了「保密防諜」，各報系分別以錢倪、錢尼和鮑威爾、鮑爾稱呼。

國家要近代化，對重要名詞的統一音譯應該是起碼的工作。既然外國的人名或地名無法以原文表達或以注音符號代替，就應考慮以統一的漢字音譯。尤其是時事新聞上的重要人名或地名應由新聞局等權威機構發布標準音譯既可節省人力，也可避免貽笑國外。

各報堅持自己的譯名，誰也不服誰的態度只表現了中華民族如一盤散沙的毛病，沒有誰是贏家。假如我們對應該標準化或統一化的事項，任其各走各的路，恐怕邁進現代化國家的途徑仍然是崎嶇的。

假如我國沒有統一的會計制度，假如各企業不承認一般公認的會計原則，各企業所表達的財務報表不知會成為什麼樣子，我們經濟計畫的推行恐怕會因缺乏有效客觀的資訊來源而受阻。所幸，先人的努力使我們有公認的統一制度可遵循，因而免於發生上述波灣戰爭時期的怪現象。

創意如與「創異」混為一談，其結果可能成為止於「標新立異」，似非創意的原意。

2. 世界觀的創意

在古代的社會裡，隔一座山就有不同語言（方言），不同生活習慣的存在。但是由於交通的發達，通信工具的多樣化，人與人的關係越來越緊密以後，這種情況就愈來愈少見了。不過在地大人眾的我國，方言仍然相當普遍，尤其是在華僑社會，方言已成為當地保留的文化之一。

方言的存在是不是個問題呢？回答此問題應從不同角度來看它。方言可以表達各地的風土香味，也成為本土世界的語言。但是人類交流幾乎已無國界時，如何將方言定位已成為另一課題。

以近鄰日本而言，在明治維新前各地有其方言，如南方九州與北方東北方言不相通。在歐洲各國有國語，這些國語的語源可能就是古代歐洲大陸的方言之一，以其為主流經過漫長的時間統一成為國語。所以在各國除國語以外仍存在著方言。例如在英國、英格蘭和威爾斯就無法以方言相通。日本在明治維新後為了近代化實施社會、文化的均質化，其中最重要的一項就是標準語（國語）的推行。其結果成為世界上少有的均質社會。由於日本國語推行的成功，曾在經濟大恐慌時期，實施鋼鐵業之合理化。從九州北部的八幡製鐵所順利地調動四千人到關東地方的千葉縣君津製鐵所，而不發生「語言」上的障礙。當時英國鋼鐵公司所派的技術顧問大為驚訝而留下深刻的印象。新加坡的李光耀總理推行華語（北平話）為共同語言，挽救了華人因為各鄉親使用方言而淪為該國「少數民族」的危機。

在現代化社會，任何領域需要有世界觀的共同語言，始能期待其發展。由於COBOL，FORTRAN成為資訊處理的世界性的共同語言電腦化始有長足的進步。會計成為表達企業組織經營狀況的共同語言後，也促進現代企業的蓬勃發展。假如，我們沒有引進現代會計制度，仍採用傳統的流水帳式的簿記方法，我們的會計可能成為現代會計的方言，我們的企業可能「與世相隔」，在光復初期要向世界性金融機構（世界銀行或美國進出口銀行）貸款就有「語言」上的障礙呢。

最近部分人士為強調本土化而以方言問政，從世界各國的現代化、近代化經驗看，似有開倒車之嫌，值得深思。

創意可以對國家大事或芝　小事發揮，但是創意人應具備世界觀的胸懷和修養，才能構思偉大的創意。

3. 從紮根開始

幾年前，當國信、亞信、十信等一連串的風波發生時，各界曾對當時金融體制以至於政府施政態度等提出一連串的妙方。有人檢討制度問題，有人批評政治責任問題，一口氣出現了「做不完的該做的事」。迄今這些妙方被採用者甚少，當時只見採取「頭痛醫頭」的態度處理，未見有徹底的制度改革。

處在現今變動的時代中，制度的革新相當重要，而一切制度的改革自然應從紮根工作開始。例如時代要求我們工業升級、商業升級，但是一切升級如無堅固的基礎，好像在沙堆上蓋大樓，一旦有了問題甚至會動搖到基礎。

避開高深的理論不談，我們的社會似談的多，做的少。而該做的事並不是指唱高調的闊論，我們有很多最起碼的工作也未做好。在此種基礎上如何談「升級」呢？

如上述目前很多國外的新名詞，我們的學者各依其高興翻譯，無一機構予以統一（可能筆者寡聞），例如有名的管理大師 Peter F. Drucker 的譯名有，杜拉克、杜魯克等。又，中文電腦碼，一直為標準碼而爭執不完。這些如能予以統一，至少可以省譯者浪費時間去考慮如何翻成中文的時間。讀者也不會因不同名稱而混淆，一舉數得。

如要將此現象解釋為學術自由，可能太牽強，學術的自由應在其學術內容去發揮，而不應在不必要的名詞翻譯上「標新立異」。

又，我們的中文英字音標因中央與地方各說各話，出現各種版本，如捷運站的地名與各地方街上使用的地名各堅持己見，害得大眾（尤其是國外觀光客）陷入五里霧中。

假如有人將此現象視為中國人之一盤散沙之表現也不會言之太過，我們應立即覺悟，否則將會錯過搭上「升級的巴士」。

總之，我們的社會應有更權威的機構去做該做的事，使大家不必在不必要的地方浪費時間，同時大眾應尊重權威機構做出的決定。如此我們就可以在正面的創意上集中精神提供提升企業績效的建言，這也是「有所為，有所不為」。

4. 追求平衡發展

記得陳怡安博士在十幾年前的某一訓練班說過「一個社會的進步應以政治、經濟、文化三方面的平衡發展為基礎，如偏在任何一方面則會發生社會的不穩定。」在當時以經濟掛帥的社會中，該「警語」未曾引起聽眾的共鳴。

過去「臺灣經驗」好像證明了他的論述。臺灣的經濟奇蹟是以偏重經濟發展換來，因此有工資上漲，股票漲，勞工短缺等現象出現。近年來政治的所謂民主化又成為風潮，如社會太偏重政治，將會帶來政黨相爭的社會動盪。實際上偏重某方面引起的治安惡化，外銷衰退已出現，這後果在誇讚臺灣經驗的我們可能始料未及。

在早晨聯播熱線中曾有一位聽眾語重心長的道出，社會風紀敗壞已侵蝕到警界，他認為變成此種局面的原因相當複雜，但是究其根本原因在於教育的失敗。近年來教育，從小就在培養急功好利的「人才」。如不從教育的改革著手，其他任何措施只有頭痛醫頭的效果，教育和文化有密切的關係，這位聽眾的見解與陳博士的論點不謀而合，已注意到社會一直疏忽的文化建設問題。

企業經營近年也充滿急功好利的現象，他們遺忘了踏實經營，有的想以併購方式圖近利，有的想以財務技巧來獲利，忽略本身正業的重要性。但是事實證明這些企業在景氣突變時就成為經不起風暴的弱者。

發明王愛迪生曾對訪問的記者說明其成功的秘訣為：所謂天才，靈感只占百分之一，百分之九十九是以血汗換來的。他的一生所完成的一千三百餘件專利品，是努力和血汗的結晶。

如缺乏吃苦的精神或不能以不斷地努力來過活，很難期待個人或社會的進步和發展。不斷地活用手腳，從體驗中去思考，以思考的結果再以手腳去確認它，在這種不斷地反覆思考和行動中始能產生創意。這種動作表面上好像是莫大的浪費或消耗大量的精力，但是這是發明家、企業家、學者或運動家邁向成功的秘訣。歷史告訴我們，任何工作的成果只有以努力或血汗換來的才是永恆的。

文化建設是千頭萬緒的工作，應在培育企業文化中思考，如何扭轉急功好利或提倡勤儉努力，以這些作為起步使社會上的價值觀念逐步轉變，才能達到社會的平衡發展。

5. 避免違法

上下班走路的好處很多，其中之一為在沿途可以看到「以車代步」者不易看到的事象，例如每一店面裝飾的變化，小吃店用餐顧客的往來等。

在上班途中有一棟二層樓老房子，有一天突然以白布條圍繞，而在布條上以斗大的字寫上標語，初看好像「自力救濟」的大本營設在此地。但是仔細讀其內容始知，「屋主」打官司敗訴，法院通知限期拆屋還地。勝訴者為臺灣大學，問題就出在臺灣大學被視為「官方」，佔地者為「老百姓」，故敗訴者以「弱者」姿態訴求過路人的同情。

白布條寫上的內容五花八門，其中較刺眼者為「憲法對人民之保障在那裡」、「臺大利用法律迫民」、「法院不察」等，似是而非的句子。冷靜推敲其想法真是矛盾百出。如明知「法院不察」判決錯誤，為何「屋主」不提出事實或證據上訴，而以罵街式的訴求。如此如何主張「憲法對人民之保障」呢？「臺大利用法律迫民」是否表示法律只屬於臺大專用？

很多人在衡量事情時，想以雙重標準來處理，尤其是觸法後一口咬定法律的不妥。假如立法者為主張某種改革，不以議事討論方式訴求，以超過法律範圍的行動訴求，因而觸法，但是法院屢傳不到，卻又以立法者身份主張只有法院承認某種條件下始出庭應審，這是不是以雙重標準處理事情？

法律之前人人平等是民主或君制國家通用的原則，但是有人在追求真正的法治國家的同時也在曲解法治，甚至利用法治在違法，如此不知何時才能達到理想的目標。

又，會計工作也在「執法」，法令規章是為企業正常運作的規範，應該由企業內外的有關人員遵守。但是部份人員在「違法」而遭會計人員提出意見時，往往以「刁難」來反應。其心態多少與上述豎布條「屋主」相似。如何對這類人士婉轉地說明守法精義，使其口服心服地改正，是會計人員努力的方向之一。

創意有時候可能是異想天開的主意，但是起碼的要求是應避免違反法令規定的構想。

六　結語

淨化社會的責任

八月初，離開炎熱的臺北市，陪同政府首長一行到清靜的花蓮考察。在行程中我們透過安排，到靜思精舍會見證嚴法師，也參觀證嚴法師創辦的佛教慈濟綜合醫院。大師為時下名人，曾榮獲菲律賓前總統「麥格塞塞獎」。她與長官面談時，談吐溫柔但是句句帶有很大的說服力。

她說，只要對淨化社會有益，不管什麼宗教都值得我們去信仰。從這一點可以看出她的修養。與某些宗教以排斥他教來提升本身的地位，顯然不同。

她以「誠、正、信、實」的精神帶領一百多萬會員（會眾），為社會中需要幫助的人給予慈濟。她一再強調在瀰漫功利主義的社會中，極需要一股清流來淨化它。社會人士不分貧富，只要他（她）有濟苦的慈心，貧者就是「貧中富」，富者才是「富中富」，否則就成為「貧中貧」、「富中貧」。她希望透過會員改變後者，培養出更多的「富人」，以盡淨化社會的責任。

論語中有一句；道之以政，齊之以刑，民免而無恥，道之以德，齊之以禮，有恥且格。目前的社會大家在強調法治觀念，但是如未能輔以德禮，其成效有限。

我們的學校教育忽視公民道德一科已久，家庭中大多數父親為上班族，母親又忙自己的，無暇顧及家庭教育，加上想要透過電視節目來灌輸公民道德恐怕遙遙無期。在此種情況下，匡正社會風紀的責任好像不得不仰賴宗教的力量。這種現象是值得深思的問題。

正在寫這篇感想時，突聞××部素被認為不畏特權（如民意代表）的無理要求，能堅持原則的某廳長卻為××院的濁流吞沒，失去應有的職位。清流要淨化怒潮般的濁流似要經過一段艱苦而漫長的奮鬥。

盼望本書讀者在培養自我的創意的同時也扮演組織內的清流，帶動所有同仁凝集成為一股強大的清流，為淨化我們的社會盡創意人的責任。

附錄

財務主持人的角色

有關理財的名言

英語有一句諺語「Spend as you get」其意義與我國的名言「量入為出」相同。如遵守此原則就不致發生在領薪水前，總是欠一屁股債的情形。這句名言含有「應籌劃收入」的意義。假如以開源和節流併行理財時，可以產生「剩餘款」，自然可以開拓資本形成之路。

查考典故，可以知道此句名言與我國的稅制有密切的關連。記述我國古代制度的禮記王制篇中有「量入為出」的記載。在均田法的時代採取均等課賦，因此假如能統計課稅對象的二十一歲到五十九歲的男子數時，自動地可以計出歲入的總量。政府則依據該總量籌編國家的財政支出。這就是「量入為出」的由來。

但是在唐朝中期，階級分層更為仔細，依均田法的課稅與當時實況脫節。故在唐朝第九代皇帝德宗時，採納宰相楊炎的建議，實施新的課稅體系「兩稅法」。此法係代替原來的勞動人單位，採取以個人的私有財產為課稅對象。亦即以資產為主導的稅法。此時所倡導的概念為「量出為入」。此概念與均田法相反，以歲出的總量決定歲入額，然後計出各人應負擔的賦額。

兩稅法為我國稅制史上劃時代的變革，對以後的稅制有很大的影響。但是如一般流行的一句話「新稅常是惡稅」，楊炎在引起眾怒之下被判死刑。不管歷史的演變如何，此句名言隨著我國的經濟的推移在變遷，但是如今仍為吾人理財的原則，也被喻為國人的智慧。

量入為出或量出為入

量入為出或量出為入的觀念對財務會計人員在企業的理財中有很大的影響。

量入為出等於有一塊餅，如何去分配它？是所謂分餅的觀念，也是一種消極的做法。在資源有限或資源缺乏的情形下可能採取的措施。這時財務會計人員的考慮為：如何有效運用資源？如何公平合理地分配資源？對於如何開拓資源，通常未採取積極的態度，而在能夠獲得的資源範圍內處事。以籌劃企業的資金來源為例，主要仰賴「從營業獲致的資金」或設法採取由資本主的增資。對於舉債經營自然採取消極或儘量避免的態度。

早期的會計人員被喻為老闆的帳房，財務人員只扮演出納的角色，多少受此觀念的影響。

如上述，量入為出的觀念本來仍含有「籌劃收入」的意義，因此在應用上從消極的分餅方式轉為積極的造餅方式，而產生量出為入的觀念。

量出為入可能採取積極的理財方式，在資源的分配上考慮各部門的需求，為滿足其需求除能應用的資源外，還設法開源。這種觀念促使財務會計人員，必須在理財技術上不斷創新改進。例如業務上所需的資金除自有資金外，以舉債或增資方式籌措。

在量出為入的觀念下，採取舉借方式經營時，自然需要考慮平衡問題。舉債的程度如無適當的限制，可能如上述歷史的演變，把企業帶入陷阱。舉債經營所依恃者為有效地利用正面的財務槓桿作用。能否發揮該作用，受利率的起落、景氣的好壞與經濟環境因素的影響很大，這些都是企業無法控制的因素，因此企業所冒的財務風險會增加。

為避免財務風險，就產生資金來源分散或投資分散的Portfolio theory，對匯率或利率變動風險則有拋補（Swap）方式或避險（Hedge）方式等現代金融上的理財操作技巧。

在量出為入的觀念下，另一可採取的方法為，設法增加企業的生產或銷售量，這是比較健康的理財概念，是「正統」的造餅觀念。四書的大學裡所述的理財大法則為，「生財有大道，生之者眾，食之者寡，……則財恆足矣。」如「入」係來自生之者，而生之者多於食之者（出）時，「財」自然充足，可加速資本的形成，企業的財務狀況會更健全。

在造餅觀念下，如何提高生產力更為重要。在同樣的生產量下，如果能提高產品的效能或節省成本則可提高生產力。如何節省成本，改進產品效能，除需要利用工業工程（IE）的技術外，管理會計的資訊為不可或缺的依據。

名言的應用

量入為出和量出為入的理財觀念，一般而言如上述有一物兩面之感，但是在應用時偏於任何一面均非有效的理財方式。尤其在企業的理財過程中如何隨機適當地應用這些觀念，實有賴財務會計人員之能力。

例如，企業在開創初期，可運用的資源有限，企業本身的結構或體質不甚健全，此時企業的經營或理財宜採用量入為出觀念。但是如不在適當時期改採量出為入觀念，則無法期待企業的迅速成長，甚至無法與同業競爭而可能被淘汰。不得不慎重。

企業成長的循環過程可分為：開創、成長、守成（成熟）、再創新等階段。為了邁進成長時期不得不採取積極的理財方式，其方法具有挑戰性，很多措施為應付成長也帶有冒險性。如何對這些不斷加速的衝力適時採剎車，必須有充分的理由—資訊。這資訊只靠主持人的經驗的時代已過去，有關的資訊必須透過完善的制度產生。財務會計或管理會計是其中重要的制度之一。在此階段應該是，量出為入和量入為出兩觀念交替應用時期。

企業在成長後自然會進入成熟期，也就是所謂守成階段。貞觀政要一書有一篇論及「草創（創業）與守文（守成、維持）孰難」的問題，其答案是各有難處。但是唐朝的史官吳兢為期唐朝能繼續維持太宗皇帝的政績「貞觀之治」，編纂貞觀政要一書呈獻中宗皇帝。可見守成所需的方法更為複雜，更難把握分寸。

一般管理書籍或管理會計以及財務管理的書籍中供守成階段應用的技巧佔相當多的篇幅。這也表示財務會計人員在企業成熟階段扮演的角色相當重要且相當困難。

在成長的忙碌時期，企業主持人無暇考慮到守成的問題，但是，經過成長的輝煌時期以後，企業主持人更不承認需要注意守成問題。此時，會計財務人員，應透過分析及預測的數據，說明改正可能衝過頭的計畫或方針，進一步提供開始採取守成的計畫，為再創新而貯蓄資源。

結語

財務人員一直遵守「平衡」的原理在處事。從借貸原理到追求資產組成結構的平衡發展，資金（廣義的負債）來源分散的平衡，一直為學術界及企業界有關人員努力研究、創新的目標。美國企業界曾流行以財務技巧為生產性企業賺錢，金融性操作的獲利逐漸佔企業利潤的重要地位，這風潮已影響美國整個經濟結構的平衡發展，使其陷入經濟體質的脆弱化。不得不警惕。

財務會計人員也在本身的業務中，保持動態和靜態的發展方向的平衡。財務會計是會計業務中的靜態部分，其原理原則一直保持日益成熟狀況，使會計業務的基礎愈為穩固。但是為配合企業環境的變化創出管理會計，掌握企業現況提供動態的資訊，作為企業決策之參考。

企業本身及其所處的環境在不斷變遷而益趨複雜。有關經理人猶如在逆流中行船，不進則會被沖退。如何在千變萬化的動態環境中找出不變的原則是我們財務主持人的職責。

註：本篇係著者在「中華民國財務主持人協會會訊」第二六期所刊之論述，對創意人之思考或許有幫助，故以附錄方式轉載。

國家圖書館出版品預行編目

故事裡的創意 / 邱慶雲著. -- 一版. -- 臺北
市：秀威資訊科技, 2004[民 93]
面； 公分. -- (商業企管類 ; PI0002)

ISBN 978-986-7614-35-3(平裝)

1. 創意 2. 思考

176.4 93011881

商業企管類 PI0002

故事裡的創意

作 者 / 邱慶雲
發 行 人 / 宋政坤
執行編輯 / 李坤城
圖文排版 / 郭雅雯
封面設計 / 莊芯媚
數位轉譯 / 徐真玉 沈裕閔
圖書銷售 / 林怡君
法律顧問 / 毛國樑 律師
出版印製 / 秀威資訊科技股份有限公司
台北市內湖區瑞光路 583 巷 25 號 1 樓
電話：02-2657-9211 傳真：02-2657-9106
E-mail：service@showwe.com.tw
經 銷 商 / 紅螞蟻圖書有限公司
台北市內湖區舊宗路二段 121 巷 28、32 號 4 樓
電話：02-2795-3656 傳真：02-2795-4100
http://www.e-redant.com

2004 年 7 月 BOD 一版
定價：220 元

讀　者　回　函　卡

感謝您購買本書，為提升服務品質，煩請填寫以下問卷，收到您的寶貴意見後，我們會仔細收藏記錄並回贈紀念品，謝謝！

1.您購買的書名：______________________

2.您從何得知本書的消息？

□網路書店　□部落格　□資料庫搜尋　□書訊　□電子報　□書店

□平面媒體　□ 朋友推薦　□網站推薦　□其他__________

3.您對本書的評價：(請填代號　1.非常滿意 2.滿意 3.尚可 4.再改進)

封面設計____　版面編排____　內容____　文/譯筆____　價格____

4.讀完書後您覺得：

□很有收獲　□有收獲　□收獲不多　□沒收獲

5.您會推薦本書給朋友嗎？

□會　□不會，為什麼？______________________________

6.其他寶貴的意見：__________________________________

____

____

____

讀者基本資料

姓名：__________________　年齡：_____　性別：□女 □男

聯絡電話：______________　E-mail：__________________

地址：____

學歷：□高中(含)以下　□高中　□專科學校　□大學

□研究所(含)以上 □其他______________

職業：□製造業 □金融業 □資訊業 □軍警 □傳播業 □自由業

□服務業 □公務員 □教職　□學生 □其他__________

請貼
郵票

To：114

台北市內湖區瑞光路583巷25號1樓

秀威資訊科技股份有限公司　　　收

寄件人姓名：

寄件人地址：□□□

(請沿線對摺寄回,謝謝!)

秀威與BOD

BOD（Books On Demand）是數位出版的大趨勢，秀威資訊率先運用POD數位印刷設備來生產書籍，並提供作者全程數位出版服務，致使書籍產銷零庫存，知識傳承不絕版，目前已開闢以下書系：

一、BOD 學術著作—專業論述的閱讀延伸
二、BOD 個人著作—分享生命的心路歷程
三、BOD 旅遊著作—個人深度旅遊文學創作
四、BOD 大陸學者—大陸專業學者學術出版
五、POD 獨家經銷—數位產製的代發行書籍

BOD秀威網路書店：www.showwe.com.tw
政府出版品網路書店：www.*gov*books.com.tw

永不絕版的故事・自己寫・永不休止的音符・自己唱